保险资管监管的法律问题研究

马瑞阳 著

中国商务出版社
·北京·

图书在版编目（CIP）数据

保险资管监管的法律问题研究 / 马瑞阳著. —北京：中国商务出版社, 2023.6
ISBN 978-7-5103-4741-2

Ⅰ.①保… Ⅱ.①马… Ⅲ.①保险业—资产管理—法律监督—研究—中国 Ⅳ.① D922.284.4

中国国家版本馆 CIP 数据核字 (2023) 第 103792 号

保险资管监管的法律问题研究
BAOXIAN ZIGUAN JIANGUAN DE FALÜ WENTI YANJIU

马瑞阳　著

出　　版：	中国商务出版社
地　　址：	北京市东城区安外东后巷 28 号　邮　编：100710
责任部门：	教育事业部（010-64243016）
责任编辑：	刘姝辰
总 发 行：	中国商务出版社发行部（010-64208388　64515150）
网购零售：	中国商务出版社淘宝店（010-64286917）
网　　址：	http://www.cctpress.com
网　　店：	https://shop595663922.taobao.com
邮　　箱：	349183847@qq.com
排　　版：	德州华朔广告有限公司
印　　刷：	北京明达祥瑞文化传媒有限责任公司
开　　本：	710 毫米 × 1000 毫米　1/16
印　　张：	15
字　　数：	158 千字
版　　次：	2023 年 6 月第 1 版
印　　次：	2023 年 6 月第 1 次印刷
书　　号：	ISBN 978-7-5103-4741-2
定　　价：	68.00 元

凡所购本版图书有印装质量问题，请与本社印制部联系（电话：010-64248236）

版权所有　盗版必究（盗版侵权举报请与本社总编室联系：010-64212247）

摘　要

　　现代保险业由保险资金运用和承保业务两轮驱动,保险资金运用是保险资产管理业发展的引擎。自1980年保险业恢复以来,我国保险资产管理及其监管经历了保险资金运用无序发展与无法律监管阶段(1980—1995年)、保险资金运用初步规范与机构监管初步确立阶段(1995—2003年)、保险资金运用渠道拓宽与法律监管体系初步建立阶段(2003—2012年)、保险资金运用市场化改革与法律监管体系完善阶段(2012—2017年)及保险资金运用规范发展与法律监管体系强化阶段(2017年至今)。在"放开前端、管住后端"的市场化监管思路下,我国保险资产管理行业迎来了大发展,保险资管行业的快速发展及金融创新加剧了资产管理刚性兑付、多层嵌套、资金池业务、期限错配等不规范运作行为,催生出信用风险、影子银行风险、流动性风险及系统性金融风险隐患,冲击着以分业监管下的机构监管为基础的现行监管制度,监管真空、监管重叠、监管套利等问题日益突出,保险资产管理的监管效能被削弱,金融消费者权益难以得到切实保障。

　　解决这些保险资产管理市场失灵问题,依赖于我国保险资产管理法律监管体系的完善。我国现行保险资产管理监管的法律体系由一般性法律和针对性法律组成,一般性法律即保障保险资产管理活动运行的民商法基础法律及规范保险资产管理活动的部门监管法。针对性法律即全国人民代表大会颁发的《保险法》、国务院颁发的保险资产管理相关行政法规及《保险资金运用管理办法》等监管部门颁发的部门规章和规范性法律文件，在监管内容上包括公司治理监管、资金运用监管和偿付能力监管的三大支柱监管制度以及信息披露监管制度、关联交易监管制度。

保险资产管理行业的风险隐患和投资乱象表明我国保险资产管理法律监管不足，在监管理念方面表现为功能监管、统合监管、金融消费者教育和金融消费者保护理念不足，在监管体制方面表现为信托法律体系、宏观审慎监管体系、公司治理机构监管、金融消费者适当性制度和信息披露制度不健全和不完善，在监管机制方面表现为监管协调机制、系统重要性保险机构评估机制、关联交易监管机制和金融违规举报机制不健全和不完善，在监管规则方面表现为保险资金投资流向引导规则、穿透式监管规则和偿付能力监管规则不足。

针对我国保险资产管理法律监管的现状和不足之处，借鉴美国、英国、日本、新加坡等域外发达经济体的保险资管监管及金融监管的有益经验，尤其是2008年国际金融危机后强调机构监管与功能监管相结合、金融市场稳定与投资者权益保护并重、宏观审慎监管并关注系统性风险、强化监管协调及提高资管业透明度的变革经验，从监管理念、监管体制、监管机制和监管规则四个方面完善我国保险资产管理监管制度。

在监管理念上，树立金融消费者权益保护的监管目标，区分金融消费者和金融投资者的概念，针对不同类型的金融消费者实施不同等级的保护程度；秉持金融安全和金融效率并重的原则，健全金融稳定法律体系，保证金融安全，促进金融监管变革，持续提升监管效率；明确保险资管业务"疏堵结合、规范发展"的监管思路，确立保险资管业务"卖者尽责，买者自负"的信托法律性质，推动保险资产管理行业回归"受人之托、代人理财"的金融服务之本源。

在监管体制上，明确资管业务的法律关系及禁止通道业务的法律依据，健全功能监管模式，填补2018年四部门联合发布的《关于规范金融机构资产管理业务的指导意见》（简称《资管新规》）的不足；完善信托法律体系，扩大信托法律关系的调整范围，重塑保险资产管理人的信义义务；健全金融消费者保护法律法规，完善投资者适当性制度，健全金融纠纷多元化解机制，深化金融消费者教育，完善金融消费者权益保护制度；明确保险资管机构的信息披露义务，增加"棕色资产"信息披露，统一信息披露标准，增强所披露信息的可理解性，完善信息披露制度。

在监管机制上，在机构监管与功能监管相结合的基础上，采用以监管目标为引领、多种监管方式密切配合、突出事中、事后监管的统合监管模式，建立健全以国务院金融稳定发展委员会（简称"国务院金融委"）为统筹协调的监管协调机制，完善政企之间和监管部门之间的信息共享机制；加强金融基础设施建设与系统重要性金融风险监测，建立风险全生命周期监管机制，提升金融风险监测的系统性和前瞻性。

在监管规则上，把握金融交易与司法裁判的合理边界，把握穿透式监管自由裁量权的合理边界，防范自由裁量权的过度滥用对市场主体造成侵害；完善穿透式监管规则，强化对金融科技创新的穿透式监管，提升监管审查的穿透性和专业性；推动监管机构整合及权责协调，组建全国独立的、统一的"金融消费者保护局"，切实保护金融消费者权益，健全金融风险防范、化解和处置机制，筑牢不发生系统性金融风险的底线。

Abstract

The modern insurance industry is driven by the two wheels of insurance fund application and underwriting business, and insurance fund application is the engine of the development of the insurance asset management industry. Since the restoration of insurance industry in 1980, China's insurance asset management and its supervision have gone through the stage of disorderly development and non-supervision of insurance fund application (1980—1995), the stage of initial regulation of insurance fund application and initial establishment of institutional supervision (1995—2003), the stage of broadening of insurance fund application channels and initial establishment of legal supervision system (2003—2012), the stage of market-oriented reform of insurance fund application and improvement of the legal supervision system (2012—2017) and the stage of standardized development of insurance fund application and strengthening of the legal supervision system (2017—present). The rapid development and financial innovation have intensified the rigid exchange of assets management, multi-layer nested payment, capital pooling business, maturity mismatch and other irregular operation practices, giving rise to credit risk, shadow banking risk, liquidity risk and potential systemic financial risks, and impacting the existing regulatory system based on institutional supervision under the division of regulation.

The problems of supervision vacuum, supervision overlap and supervision arbitrage have become increasingly prominent. The supervision effectiveness of insurance asset management has been weaken and the rights and interests of financial consumers are difficult to be effectively protected.

The solution to these insurance asset management market failures relies on the improvement of China's insurance asset management legal regulatory system. The current legal system for the regulation of insurance asset management in China consists of general laws and specific laws. The general laws are the basic laws of civil and commercial law that guarantee the operation of insurance asset management activities and the sectoral regulatory laws that regulate insurance asset management activities. The specific laws are Insurance Law promulgated by National People's Congress, administrative regulations related to insurance asset management promulgated by China Central Committee and Measures for the Management of Insurance Asset Application and other sectoral regulations and normative documents. Sectoral regulations and normative documents issued by the regulatory authorities, including the three-pillar regulatory regime of corporate governance, capital utilization and solvency supervision, as well as the information disclosure and connected transactions regulatory regimes.

The potential risk and investment chaos in the insurance asset management industry have revealed the inadequacy of China's legal regulation of insurance asset management. In terms of regulatory philosophy, functional regulation, integrated regulation, financial consumers' education and financial consumer protection concepts are insufficient. In terms of regulatory system, the trust legal system, macro-prudential supervision system, regulation of corporate governance bodies, financial consumer suitability system and information disclosure system are inadequate and incomplete. In terms of regulatory mechanism, the regulatory coordination mechanism, systemically important insurance institutions assessment mechanism, connected transactions supervision mechanism and financial irregularities reporting mechanism are inadequate and imperfect. In terms of regulatory rules, the rules for guiding the investment flow of insurance funds, penetrating supervision rules and solvency supervision rules are insufficient.

In view of the current situation and inadequacies of the legal regulation of insurance asset management in China, and drawing on the useful experience of insurance asset management regulation and financial supervision in the United States, the United Kingdom, Japan, Singapore and other overseas developed countries, especially after the international financial crisis in 2008, which emphasizes the combination of institutional and functional regulation, equal emphasis on financial market stability and protection of investors' rights and interests, macro-prudential supervision and attention to systemic risks, strengthening regulatory coordination and improving the transparency of the capital management industry. China's insurance asset management regulatory regime should be improved from four aspects of regulatory philosophy, regulatory system, regulatory mechanism and regulatory rule.

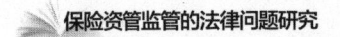

In terms of regulatory philosophy, establish the regulatory objectives of financial consumers' rights and interests protection, distinguish the concept of financial consumers and financial investors, and implement different levels of protection for different types of financial consumers; uphold the principle of giving equal importance to financial security and financial efficiency, improve the legal system of financial stability, ensure financial security, promote changes in financial regulation and continuously improve regulatory efficiency; clarify the supervisory concept of "combining regulation and plugging, and standardizing development" in the insurance asset management business, establish the legal nature of insurance asset management business as a fiduciary trust that "the seller is responsible and the buyer is responsible", and promote the return of the insurance asset management industry to the origin of financial services as "being entrusted with the management of people's wealth".

In terms of regulatory system, clarify the legal relationship of capital management business and the legal basis for prohibiting channel business, improve the functional regulatory model and fill the shortcomings of Guiding Opinions on Regulating the Asset Management Business of Financial Institutions; improve the trust legal system, expand the scope of adjustment of trust legal relationship and reshape the fiduciary obligations of insurance asset managers; improve the laws and regulations on financial consumer protection, improve the investor suitability system, improve the diversified settlement mechanism of financial disputes, deepen financial consumers' education, improve the financial consumer rights protection regime, clarify the information disclosure obligations of insurance asset management institutions, increase the information disclosure on "brown assets", unify information disclosure standards, enhance the comprehensibility of the information disclosed and improve the information disclosure system.

In terms of regulatory mechanism, on the basis of combining institutional and functional regulation, adopt an integrated regulatory model that is led by regulatory objectives, closely coordinated with various regulatory approaches, and emphasis on supervision during and after production; establish and improve the regulatory coordination mechanism coordinated by state council's financial stability and development committee; improve the information sharing mechanism between government and enterprises and regulatory departments; strengthen the construction of financial infrastructure and monitoring of systemically important financial risks; establish a full life-cycle risk supervision mechanism and enhance the systematic and forward-looking nature of financial risk monitoring.

In terms of regulatory rules, grasp the reasonable boundary between financial transactions and judicial decisions, grasp the reasonable boundary of discretionary powers of penetrating regulation, and prevent the excessive abuse of discretionary powers from infringing on market players; improve the rules of penetrating regulation, strengthen the penetrating regulation of financial technology innovation, and enhance the penetration and professionalism of regulatory review; promote the integration of regulatory bodies and the coordination of powers and responsibilities, and establish a national independent and unified "Financial Consumer Protection Bureau" to effectively protect the rights and interests of financial consumers, improve the mechanism for preventing, resolving and disposing of financial risks, and establish a bottom line of preventing systemic financial risks.

目 录

第一章 导 论 ………………………………………………… 1
第一节 研究背景与意义 ……………………………………… 3
第二节 文献综述 ……………………………………………… 6
第三节 研究的内容与方法 …………………………………… 28

第二章 我国保险资产管理及其监管的发展历程 ………… 33
第一节 保险资金运用无序发展与无法律监管
（1980—1995 年）………………………………… 35
第二节 保险资金运用初步规范与机构监管初步确立
（1995—2003 年）………………………………… 37
第三节 保险资金运用渠道拓宽与法律监管体系初步建立
（2003—2012 年）………………………………… 39
第四节 保险资金运用市场化改革与法律监管体系完善
（2012—2017 年）………………………………… 43
第五节 保险资金运用规范发展与法律监管体系强化
（2017 年至今）…………………………………… 47

第三章 保险资产管理法律监管的现状与不足 …………… 57
第一节 保险资产管理法律监管的现状 …………………… 59

第二节　保险资产管理法律监管的不足 …………… 106

第四章　域外保险资产管理业务的法律监管制度………135
　　第一节　主要国家的监管制度 …………………… 137
　　第二节　域外监管制度的比较分析 ……………… 154
　　第三节　域外监管制度的启示 …………………… 159

第五章　我国保险资产管理法律监管的理念与体制变革169
　　第一节　优化保险资产管理法律监管的理念 …… 171
　　第二节　优化保险资产管理相关法律体制 ……… 180

第六章　我国保险资产管理法律监管的机制和规则完善191
　　第一节　完善保险资产管理业务的监管机制 …… 193
　　第二节　完善保险资产管理业务的监管规则 …… 200

第七章　结　论……………………………………… 207

参考文献 …………………………………………… 213

第一章

导 论

第一章

导论

第一节 研究背景与意义

一、研究背景

保险业是社会的"稳定器",是经济的"助推器"。保险资金运用和承保业务是现代保险业发展的两翼。作为保险业的核心业务,保险资金的有效运用,既是保险公司利润的重要保障,也是保险经营的生命线。随着保险资金运用的市场化改革,我国保险资金投资范围逐步扩宽,从1995年《保险法》规定的银行存款、国债和金融债,到企业债和股票型基金、银行次级债、可转债及股票、基础设施和商业银行股权、非担保债券、未上市股权和不动产投资、信托产品和股指期货、优先股、创业板股票、保险私募基金、PPP项目及沪港通试点,保险资金投资渠道不断增加,保险资金投资领域持续扩大。

自2003年国内首家保险资产管理公司成立,到2012年开始的保险资管市场化与规范化改革,再到2018年《资管新规》将保险资管纳入"大资管"范畴,保险资产管理规模不断增加。截至2021年年底,保险行业总资产规模达24.89万亿元,保险资金运用余额达23.23万亿元,其中银行存款26 179亿元,占比11.27%;债券90 683亿元,占比39.04%;股票和证券投资基金29 505亿元,占比12.70%。与此同时,保险资金运用的集中化、专业化和市场化程度不断加深，保险资产配置的结构呈现多元化。截至 2021 年年底，参与调研的 32 家保险资产管理公司管理资产规模达到 19.89 万亿元，同比增长 11.52%。保险资金大类资产配置前三位为债券、银行存款（含现金及流动性管理工具）和金融产品，合计占比 68%；其他权益类投资（含可转债、可交债、优先股权益类融资工具等）、利率债、公募基金（不含货基）分别为 47%、36% 和 29%。①

随着我国保险资产管理行业的持续、快速发展，保险资产管理机构日益成为我国金融领域和资本市场的重要力量，保险资金已成为我国基金市场第一大机构投资者、股票市场第二大机构投资者、债券市场第三大机构投资者。截至 2021 年 8 月底，保险资产管理机构及保险私募基金管理人累计登记的债权投资计划、股权投资计划和保险私募基金达 48 676.07 亿元。保险资金在服务国家战略、支持实体经济、改善国计民生等方面发挥的作用越发重要。多年来，保险资金通过债权投资计划助力交通、能源、电力、物流、市政建设等重大基础设施及重大产业项目的建设，通过股权投资计划助力物流、科创、制造业升级、医疗医院、清洁能源、市政建设等符合国家战略方向、服务国计民生项目的建设，参与京沪高铁、舟山跨海大桥、商用大飞机、西气东输项目、南水北调工程等重大工程项目的投资建设，在贯彻落实国家战略、促进区域协同发展、推动绿色产业投资、支持实体经济发展等方面发挥了重要的作用。

近年来，随着我国金融机构资产管理业务的快速发展，资产管

---

① 中国保险资产管理业协会. 2021—2022 年中国保险资产管理行业运行调研报告.

理产品创新层出不穷，资产管理行业刚性兑付、多层嵌套、资金池业务、期限错配等不规范运作行为丛生。不规范运作及金融产品的过度创新导致风险积聚——刚性兑付导致积聚信用风险，非标投资催生影子银行风险，多层嵌套传递金融交叉风险，资金池业务加剧流动性风险。[①] 在保险资产管理领域，部分保险公司发展模式激进、资产负债严重错配、流动性风险隐患滋生、公司治理结构不完善、内控体系不健全、股东虚假注资、内部人控制、利用关联交易输送利益等问题突出，保险公司偿付能力个体分化明显，保险业局部风险增大，个别保险机构盲目跨领域、跨市场投资并购，一些保险资管产品多层嵌套问题层出不穷，交叉传递风险逐步增大。

保险资管行业的快速发展及金融创新冲击着以分业监管为基础的现行监管制度，衍生出监管真空、监管重叠、监管套利等监管失灵现象，致使金融领域系统性风险逐渐积聚，金融消费者权益难以得到切实保障。这些风险和问题暴露了保险资产管理监管制度在监管理念、监管体制、监管机制和监管规则方面的缺失，削弱了保险资产管理的监管效能，致使保险资管监管难以应对金融科技的快速发展与金融业态的过度创新，难以支持保险资产管理行业的高质量发展，难以有效遏制系统性金融风险隐患，无法切实保护广大金融消费者和保险消费者的权益。为此，有必要针对保险资产管理的法律监管问题展开研究，为立法机关、执法部门、司法机关解决当前保险资产管理领域的棘手问题，推动我国保险资产管理行业行稳致

---

① 白牧蓉，李其贺.去刚性兑付时代资产管理人信义义务的回归[J].开发研究，2021（4）：98-108.

远贡献建设性方案。

二、研究意义

在"大资管"时代的混业监管趋势下,保险资产管理法律监管问题的研究有助于在立法层面补齐保险资产管理监管的制度短板,有助于在执法层面提升保险资产管理的监管效能,有助于在司法层面规范保险资产管理的市场交易,进而遏制保险资产管理市场的不规范运作行为,解决保险资管监管活动的监管真空、监管重复、监管套利等问题,防范保险资管领域保险风险、市场风险、信用风险、流动性风险乃至系统性金融风险的滋生、积聚及扩散,维护金融安全和金融稳定,切实保护金融消费者及保险消费者的合法权益,促进资产管理行业持续健康发展,更好地服务国家战略和实体经济。

第二节 文献综述

一、理论基础

保险资产管理是指通过独立的保险资产管理机构所进行的集中化、专业化和市场化的保险资金以及第三方资金受托投资管理方式。保险资产管理理论包括资产负债管理、投资组合、风险预算、多元化投资等理论,其中资产负债管理理论和现代资产组合理论是保险资产管理最为重要的理论。保险资产管理监管则主要涉及市场失灵理论、不完备法律理论、政府失灵理论、监管成本理论等，其中市场失灵理论与不完备法律理论是保险监管必要性的来源，从中延伸出的政府失灵理论则是保险监管体系持续完善的理论基础。

（一）资产负债管理理论

所谓资产负债管理（Asset Liability Management，ALM），即金融机构为在可接受的风险限额内实现既定经营目标，而对其资产负债组合所进行的计划、协调和控制以及前瞻性地选择业务策略的过程。[①] 资产负债管理起源于银行业，由于管控利率风险的需要而逐渐在保险业发展起来。20世纪70年代，美国高通胀带来的高利率水平与剧烈的利率波动促使保险业开发出新一代利率敏感型寿险产品，发展出一系列保险资产负债管理技术，而20世纪80年代以来北美、日本等国家和地区的多家保险行业领军企业的相继破产再次推动了资产负债管理在保险业的应用。从初期被动应对利率风险，到如今主动管理资产负债风险，兼顾市场风险、信用风险及流动性风险的影响，资产负债管理获得了长足的发展。2016年10月，国际保险监督官协会（International Association of Insurance Supervisors，IAIS）发布的《资产负债管理标准》列举了保险公司资产负债管理的11项标准，成为全球保险公司实施资产负债管理的根本遵循。[②]

在资产负债管理理论看来，保险公司资产负债管理有三大目标：一是为股东创造利润，二是在合理的费率基础上为消费者提供保险

[①] 岳萍娜，李哲. 资产负债管理理论述评[J]. 区域金融研究，2009（11）：32-35.
[②] 缪建民. 保险资产管理的理论与实践[J]. 新金融评论，2013（10）：130-152.

服务，三是通过风险控制保持公司长期偿付能力。Kenneth Black 和 Harold D.Skipper 指出保险公司资产负债管理的目标是应对市场利率波动对保险公司现金流量造成的冲击。利率变化对现金流产生的冲击会影响企业的流动性和盈余，资产负债管理实质上是基于利率风险的资产负债匹配管理。[1]资产负债匹配是资产负债管理的根本目标和核心内容。由于风险事件发生的时间与风险损失金额具有不确定性，相应地保险公司负债发生和损失补偿的时间和金额同样具有不确定性，这成为了保险公司开展资产负债管理的必要性来源。通过设计合理的资产组合投资策略，促使资产和负债在数额、期限、性质、成本、收益等方面相互匹配，进而达到防范风险事件，保证投资收益的目的。[2]当前我国保险资金负债端和资产端存在着较为严重的错配问题，主要表现为负债端的久期超过资产端。这一现象的产生，主要源于我国债权市场上短期债券比例较高，而长期债券比例较低。

（二）现代资产组合理论

保险资产组合即通过设计和管理保险投资资产组合来达到有效控制投资风险，实现预期收益的目标。现代资产组合理论是保险公司投资配置的重要理论依据，从理论上阐述了投资者在权衡收益与风险的基础上最大化自身效用的方法以及对整个资本市场的影响。

---

[1] Kenneth Black, Jr., Harold D. Skipper, Jr. Life Insurance (12th Edition)[M]. Prentice hall, Inc, 1994.

[2] 瞿栋.基于风险预算理论的保险资产管理路径研究[D].对外经济贸易大学, 2015.

该理论肇始于哈里·马科维茨（Harry Markowitz）1952年发表的《资产组合选择》一文，这篇文章第一次从规范经济学出发，揭示了如何通过对风险资产进行组合建立有效边界，如何基于自身效用偏好在有效边界上确定最佳投资决策以及如何通过分散投资来降低风险，开创了现代资产组合理论的先河。[1]

马科维茨理论的核心是"不要将鸡蛋全部放在一个篮子里"，多样化的资产组合可以有效分散风险[2]，其创新之处在于解决了传统投资理论中货币期望收益最大化的投资目标与分散投资行为之间的普遍矛盾，否定了持有资产越多、越有助于分散风险的投资理念，提出了分散风险取决于资产间相关程度的观点，揭示了投资者进行组合投资的内在机理。[3] 在实际应用中，由于马科维茨的均值——方差模型建立在严格的假设基础上（包括资本收益服从正态分布），而这些假设条件在现实世界中难以完全满足，因而造成理论与现实的脱节。1963年夏普（Sharpe）发表的《对于"资产组合"分析的简化模型》一文提出的模型降低了现代资产组合理论的应用成本，极大拓展了现代资产组合理论在资本市场的运用。

现代资产组合理论对于保险资金而言意味着大类资产组合的合理设计。由于保险资金来源于负债端的保费、运用于资产端的投资，因此保险资金的资产负债需要在期限、风险、收益等层面做到匹配，负债端的长久期和风险厌恶特征要求保险资金需要进行风险可控的

---

[1] 赵陵.现代资产组合理论研究[D].中国社会科学院研究生院，2001.
[2] 岳萍娜，李哲.资产负债管理理论述评[J].区域金融研究，2009（11）：32-35.
[3] 同[1].

长期投资，这就需要通过将不同风险收益特征的大类资产进行组合配置，从而在期限、风险、收益、流动性、波动率等多个维度实现平衡。

（三）市场失灵理论

市场失灵理论指的是市场经济运行中普遍存在着垄断、信息不对称、恶性竞争、外部性等市场失灵现象。市场失灵会阻碍资源配置的帕累托最优。由于市场自身缺陷，无法通过"看不见的手"自发修正，因此解决市场失灵问题最有效的途径莫过于政府干预。当然，由于行政组织的僵化以及公共政策的有限理性，政府监管和执法活动也可能产生监管成本高昂、行政效率低下和资源分配不公等政府失灵现象。具体在保险市场中，由于保险交易中信息不对称、保险消费者专业知识缺乏且维权意识薄弱、教育不足等原因，保险消费者在保险交易中处于弱势地位。市场虽然可以为保险消费者提供保护，但由于信息不完全、保险消费者诚信、委托及代理等问题，制约了保险消费者的集体维权行动，导致市场失灵现象的发生。[①]保险市场失灵是保险监管的经济学动因，正是由于市场机制自身无法引导保险资源实现最优配置，政府监管部门才需要对保险市场进行监管[②]，为保险消费者提供保护。

[①] 陈华，王玉红.保险消费者保护：市场失灵、政府介入与道德风险防范[J].保险研究，2012（10）：14-19.

[②] 陈辞，李炎杰.保险监管的经济学动因——保险市场失灵及其表现[J].技术经济与管理研究，2010（9）：144-147.

（四）不完备法律理论

不完备法律理论认为监管权是基于法律内生不完备性而产生的。完备的法律具有最佳阻吓作用——一部制定清晰、准确、不模棱两可的法律可以使每个个体和法官都对这部法律产生相同的认识——认识到违法情形以及违法带来的惩罚，因而一部完备的法律可以使司法达到最优，而不再需要监管者。现实中，由于证据搜寻的困难、信息不对称、法律的滞后性以及个人认知程度的差异等因素，法律不可能是完备的，单单依靠司法并不能解决市场失灵问题，还必须引入与司法相分离的监管机构——政府。

理论上，监管机构能够促进不完备的法律达到最优状态，但这需要满足两个条件：一是监管者执法活动纯粹基于公共利益考虑，无任何私利；二是监管者执行成本为零，且执法正确、高效、规范。现实中这两个条件均难以完全满足，无论是基于公共福祉的公共利益监管模式，还是以"监管俘获"为基础的私人利益监管模式，都可能因其巨大的监管成本导致监管失灵或监管过度[1]，因此引入监管者只能优化不完备的法律，并不能促使不完备的法律达到最优。当监管成本低于社会整体福祉时，引入监管者是有效的，否则监管成本高到影响社会正常运行，政府监管便也丧失了必要性。

当然，金融市场引入监管是必要的，因为金融市场的违法行为可能引发系统性风险，进而引发社会危机，对此实施监管并承担监管成本是值得的，只要这种成本控制在可接受范围内。许成钢

---

[1] 王妍，赵杰. 不完备法律理论对穿透式监管的启示[J]. 征信，2019（5）：67-72.

(2001)举了英国金融市场的例子[①]来阐述这个问题：18世纪的英国金融市场颇具规模，但彼时尚未出台专门针对金融市场的法律法规，证券交易只能依据合同法或者侵权法。合同法由于证券交易市场易手频繁而难以应用，侵权法则由于对侵权行为的构成要件有详细的规定也难以在证券交易市场应用，这两部法律在金融市场上的效果极其有限，因此并不完备。法律不完备为金融投机保留了空间，直到19世纪后期，英国才陆续制定针对金融市场监管的法律，并且直到20世纪30年代经济大危机时，伦敦证券交易所才开始在英国政府的要求下履行自我监管职能。

二、保险资产管理监管

（一）资产管理监管的法律问题

1. 系统性金融风险

防范化解系统性金融风险和保护金融消费者权益是金融监管的两大目标。对系统性风险的研究包括系统性风险的成因、系统性风险的传播和放大机制、系统性风险的监测和预警以及系统性风险的响应（危机处置和监管变革）。对于系统性风险的成因，陶玲、朱迎（2016）[②]综述既有研究成果，将金融危机界定为金融体系内在脆弱性和外部因素相互作用、共同演化的结果。其中内部因素包括金

[①] 许成钢. 法律、执法与金融监管——介绍"法律的不完备性"理论[J]. 经济社会体制比较, 2001（9）：1-12.

[②] 陶玲, 朱迎. 系统性金融风险的监测和度量——基于中国金融体系的研究[J]. 金融研究, 2016（6）：18-36.

融体系内在脆弱性，金融市场的过度创新以及杠杆工具的过度运用，金融机构之间的业务及资产负债关联性以及风险同质化，"影子银行"体系，系统重要性金融机构以及道德风险。外部因素包括经济周期和政策干预。这一针对系统性风险成因的综述较为全面地涵盖了各类风险因素。对于我国的系统性金融风险成因，陶玲、朱迎（2016）认为跨行业、跨市场的各类资产管理产品和系统重要性金融机构的快速发展在分业监管体制下产生的监管套利、监管真空等问题加剧了金融风险的转移和扩散是系统性金融风险的成因之一。

2. 金融消费者权益保护

（1）金融消费者保护与金融危机的关系

不少研究讨论了金融消费者保护与金融危机的关系，认为金融消费者权益保护缺失是引发次贷危机的重要原因。[1][2] 戴国强、陈晨（2015）实证分析发现，加强金融消费者保护能够显著降低金融危机发生的概率。[3] 刘迎霜（2011）将金融机构对金融消费者的掠夺视为美国次贷危机引致金融危机的重要原因之一，并认为次贷危机暴露出美国现行的金融监管体系对金融消费者利益保护不足的问题，而美国次贷危机后的金融监管改革将消费者权益保护提升到了前所未有的高度。[4]

---

[1] 刘贵生，孙天琦，张晓东. 美国金融消费者保护的经验教训 [J]. 金融研究，2010（1）：197-206.

[2] 周琳琳，史峰. 市场失灵、行为监管与金融消费者权益保护研究 [J]. 金融监管研究，2018（2）：84-93.

[3] 戴国强，陈晨. 金融消费者保护与金融危机——基于全球142个经济体的实证研究 [J]. 财经研究，2015（3）：100-110.

[4] 刘迎霜. 我国金融消费者权益保护路径探析——兼论对美国金融监管改革中金融消费者保护的借鉴 [J]. 现代法学，2011（5）：91-98.

（2）金融消费者的内涵及与消费者、投资者的关系

既有研究围绕金融消费者与消费者、投资者的关系进行了讨论。陈洁（2011）将金融消费者定义为基于个体金融需要而购买金融产品或者享受金融服务的自然人。① 杨东（2014）在自然人的基础上将法人与其他组织纳入到金融消费者的定义中，并将金融消费者按照财力、专业能力和风险承受能力三大标准划分为专业金融消费者和一般金融消费者。② 任自力（2021）围绕金融消费者和投资者的关系，将域外发达国家金融消费者立法模式分为四类，并认为日韩模式对中国更具借鉴价值。③

（3）金融消费者保护体系

焦瑾璞和宋俊平（2018）按照金融消费者保护监管依据、监管目标、监管机构、监管制度、监管方法的逻辑框架对金融消费者保护的现有文献进行了综述。④ 杨东（2013）认为应从金融商品或服务、保护机构、纠纷解决机制三个方面构建动态立体、有机统一的以金融消费者为核心的金融服务统合法体系。⑤ 何德旭（2016）构建了基于消费者－金融产品关系生命周期的金融消费者保护体系⑥，其内

---

① 陈洁.投资者到金融消费者的角色嬗变[J].法学研究，2011（9）：84-95.

② 杨东.论金融消费者概念界定[J].法学家，2014（10）：64-76，177-178.

③ 任自力.金融消费者与消费者、投资者的关系界分[J].中国政法大学学报，2021（11）：204-215.

④ 焦瑾璞，宋俊平.金融消费者保护监管：一个文献综述[J].金融理论与实践，2018（1）：10-13.

⑤ 杨东.论金融服务统合法体系的构建——从投资者保护到金融消费者保护[J].中国人民大学学报，2013（5）：118-127.

⑥ 何德旭.构建基于消费者－金融产品关系生命周期的金融消费者保护体系[J].财贸经济，2016（4）：5-17.

容包括金融消费者权益保护机构、主动干预式金融监管与鼓励竞争、信息披露与风险提示、金融机构行为规范、争议处理机制、金融消费者退出机制、金融教育及金融消费者保护立法,完善措施包括定期开展全国金融知识普查及金融消费者权益侵害调查、推进金融消费者权益保护法制建设、完善多元化金融消费纠纷解决机制、构建减少消费者行为偏差的信息披露制度、建立多层次的金融消费者教育体系、规范金融机构经营行为及从消费者利益出发促进有效竞争等。

(4) 金融消费者教育

金融消费者教育对个体金融行为具有积极影响[1],可以改善人们获取金融知识的方式以及金融行为。[2] 孙天琦(2014)从行为经济学的角度,指出金融消费者教育能有效提高人们的金融素养,包括更加合理地使用信贷、更有效率地积累财富,改善长期整体福利;增加金融产品需求,促进金融企业有效竞争,提高市场透明度和效率;减轻监管者负担,改善监管环境;促进家庭财务安全及储蓄,形成运行良好的市场,促进经济稳定发展。有效的金融消费者教育和金融知识普及应做到提高消费者参与度、精心设计金融教育材料和教育方式以及促进消费者学以致用三个方面。[3] 郑博等(2018)对金融消费者保护水平进行国际比较后发现,发达国家金融消费者保

---

[1] Bayer, P., B. Bernheim, and J.K. Scholz, the Effects of Financial Education in the Workplace: Evidence from a Survey of Employers, Economic Inquiry, 2009 (4), 605-624.

[2] Braunstein, S., and C.Welch, Financial Literacy: an Overview of Practice, Research, and Policy, Federal Reserve Bulletin, 2002, 445-457.

[3] 孙天琦. 金融消费者保护:行为经济学的理论解析与政策建议[J]. 金融监管研究,2014(4):32-56.

护水平普遍高于发展中国家,信息科技水平对发达国家的影响较为显著,而国民受教育水平对发展中国家的影响较为显著。[①]

(5) 投资者适当性义务

投资者适当性即金融服务机构"将适当的产品或者服务销售或者提供给适合的投资者"。黄辉(2021)基于司法案例对金融机构投资者适当性义务进行了实证研究,认为完善我国投资者适当性义务,应当避免适当性义务的履行流于形式,关注"质"(收益、风险和投资期限)和"量"(金融产品数量)两个维度,区分适当性义务与合格投资者制度,以合同为主界定民事责任,完善责任减免事由,并以功能监管为方向统一适当性义务标准。[②]翟艳(2015)认为我国投资者适当性义务立法中存在规定各异、内容交叉重复的现象,适当性义务的法制化应当构建多层次立法体系,合理配置义务内容,统一适当性义务规则体系。[③]

3. 资产管理的基础法律关系

资产管理业务的基础法律关系长期以来存在委托与信托之辩,持信托法律关系之说的观点占大多数,并且这些观点普遍认为信托法律关系缺失是资管行业乱象的成因之一。董新义(2014)认为在资产管理业务活动中,客户与资产管理业者的法律关系应定位为一

---

① 郑博,黄昌利,李易.金融消费者保护的国际比较研究[J].宏观经济研究,2018(3):163-175.

② 黄辉.金融机构的投资者适当性义务:实证研究与完善建议[J].法学评论,2021(3):130-143.

③ 翟艳.我国投资者适当性义务法制化研究[J].政治与法律,2015(9):98-106.

种信托关系。① 章晟、李士岩（2016）认为资产管理业务具有信托法律属性，资产管理业务发展过程中呈现出监管标准不一致、监管套利隐患以及资产管理案件审理困难等一系列问题的本质原因在于资产管理业务基础法律关系不统一。② 王涌（2018）认为资产管理业务本质上是一种信托法律关系，资产管理业务中的禁止刚性兑付、管理人信义义务、"卖者尽责、买者自负"、禁止大资金池等原则本质上都是信托法原则。行信托之实、否信托之名、逃信托之法是资管业乱象的起源。③ 汪其昌（2020）认为资产管理业务的核心是信托法律关系，核心法律规则和上位法是信托法。④ 刘燕（2018）则认为资产管理业务的上位法是由"民商法基础＋监管法"构成。⑤ 缪因知（2018）认为资产管理委托人和受托管理人之间的法律关系存在异化和不确定性，管理人主动性和独立性不足、两者之间关系的名不符实构成了资管业务的核心法律风险。以规避监管为目的的通道嵌套业务混淆了资产管理的法律关系，可被重新定性为委托或在未来进行信托化改造。⑥ 巴曙松等（2018）分析了美国、英国、新加坡的资产管理行业监管框架，并与中国监管框架进行了对比，认为

---

① 董新义. 资产管理业者的信义义务：法律定位及制度架构[J]. 求是学刊，2014（7）：79-87.
② 章晟，李士岩. 资产管理业务信托属性分析及其法律监管制度研究[J]. 江汉论坛，2016（3）：129-133.
③ 王涌. 让资产管理行业回归大信托的格局[J]. 清华金融评论，2018（1）：82-84.
④ 汪其昌. 金融资产管理业务监管的法律逻辑与核心原则[J]. 清华金融评论，2020（4）：82-86.
⑤ 刘燕. 资产管理的"名"与"实"[J]. 金融法苑，2018（8）：17-22.
⑥ 缪因知. 资产管理内部法律关系之定性：回顾与前瞻[J]. 法学家，2018（5）：98-112，194.

中国资产管理行业部分领域基础法律关系的模糊已成为行业发展的隐患①。

4. 资产管理行业的监管模式及其变革

在金融监管模式上，吴云、史岩（2016）将全球金融监管模式分为综合监管、分立监管（机构监管和功能监管）和双峰监管三类，提出中国的金融监管体系改革应当按照双峰监管模式同时整合监管权力与强化审慎监管。②黄辉（2019）将国际上的金融监管体制归纳为功能监管、统合监管（单一监管）和双峰监管（目标监管）三种模式，认为我国金融监管体制应当从分业监管完全转为混业监管，并且在混业监管模式中不宜采用将各个分业监管机构简单合为一体的统合监管模式，而应采用目标（双峰）监管模式。③沈伟、李术平（2019）认为，混业浪潮会暴露分业监管体制的弊端，这些弊端包括引发金融业务跨界套利和金融集团公司过度扩张；无法对金融机构复杂股权架构实施有效的穿透式监管，无法识别虚假注资、循环注资、资本不实、隐名股东等违法违规行为；导致金融市场基础设施割裂。④郑彧（2020）认为我国现有的"分业监管"并非真正的分业监管，而是按照金融机构类型的"画地为牢"式的机构监管，

---

① 巴曙松，王琳.资管行业的功能监管框架：国际经验与中国实践[J].清华金融评论，2018（4）：21-24.

② 吴云，史岩.监管割据与审慎不足：中国金融监管体制的问题与改革[J].经济问题，2016（5）：30-35.

③ 黄辉.中国金融监管体制改革的逻辑与路径：国际经验与本土选择[J].法学家，2019（5）：124-137，194-195.

④ 沈伟，李术平.迈向统一监管的资管新规：逻辑、工具和边界[J].财经法学，2019（9）：81-108.

未来最有效的监管方式应当是以直接融资和间接融资为主要区分的分业监管模式。①

（二）保险资产管理的监管内容

1. 保险资产管理风险及管理

保险资管监管主要目的是防范化解保险资产管理业务风险。缪建民（2013）将保险资产管理面临的风险归为投资风险（包括市场风险、信用风险、流动性风险）和运营风险（操作风险、合规风险）两大类及其派生的声誉风险，各类风险会相互作用、相互传递。其中声誉风险是投资风险与运营风险出现后引发的整体性风险，是保险资管公司最需要关注的风险。②赵宇龙（2019）以40家具有代表性的保险机构作为研究对象，实证分析保险业的资产风险后，发现保险公司通过多层嵌套产品放大杠杆、资金空转、绕道投资等方式规避监管。③

保险资金运用风险管理是保险机构与监管部门依据保险法律法规及监管规则防范和化解保险资产管理业务风险的过程。缪建民（2013）认为运营风险的管理目标是追求"零发生"，主要通过健全内控机制、实行全员问责制、优化公司制度流程等风险控制手段来解决。投资风险的管理目标是追求风险和收益平衡，保险投资风险

---

① 郑彧.论金融法下功能监管的分业基础 [J].清华法学，2020（3）：113-128.
② 缪建民.保险资产管理的理论与实践 [J].新金融评论，2013（10）：130-152.
③ 赵宇龙.穿透式监管下的保险业资产风险：监管框架设计与实证发现 [J].保险研究，2019（6）：3-14.

可以通过确定保险资产投资风险底线、构建投资管理风险限额体系、对每项投资进行风险定价与评估以及对保险资产组合的投资收益开展绩效评估等方式平衡风险与收益，实现满足既定收益情况下的风险最小化。[1]

2. 保险资产管理的监管内容

Georges Dionne，Scott E. Harrington（1992）认为，保险监管是在既定的约束条件下为达到预期目标而通过监管法规、监管机构、监管内容和监管方式等方面的制度安排来配置监管资源。[2]保险监管的基本内容通常包括保险组织监管、保险市场秩序监管、保险偿付能力监管、保险投资监管、保险中介人监管和再保险监管[3]，其中与保险资产管理相关的内容主要涉及保险投资、保险偿付能力、保险市场秩序和保险组织方面的监管制度。

在现代保险监管中，偿付能力与资本监管是核心。偿付能力关系到保险人的偿债能力，如果保险人偿付能力严重不足，无法按照保险合同及保单履约，则将损害被保险人的合法权益，损害保险人的品牌声誉乃至整个保险业的声誉，并且可能由于挤兑引发系统性危机，造成社会动荡。同样，保险公司利用收取的保费开展投资活动，合理运用保险资金可以提高保险企业的经济效益，支持实体经济发展及公共事业建设，而不规范运用保险资金则可能引发与偿付能力危机一样的社会问题。我国以偿付能力监管为主要内容的"三

---

[1] 缪建民．保险资产管理的理论与实践[J]．新金融评论，2013（10）：130-152．

[2] Georges Dionne, Scott E. Harrington. Foundations of Insurance Economics: Reading in Economics and Finance [M]. Springer, 1992.

[3] 申曙光．保险监管[M]．广州：中山大学出版社，2000：86．

支柱"保险监管框架也将偿付能力监管制度建设作为核心目标。

3. 保险资金投资监管

保险资金投资监管方面的研究范围非常广泛，有对保险资金运用的周期性效应进行研究的，如李红坤等（2016）实证分析发现，我国保险资金运用存在显著顺周期性。[①]有对偿付能力与保险资金运用关系进行研究的，如胡良（2014）提出可以用偿付能力水平衡量保险公司的风险水平，进而对保险资金运用实施分类监管[②]；张骥和孙健（2019）实证分析了"偿二代"对财险公司和人身险公司保险资金运用效率的影响。[③]也有借鉴域外发达国家经验完善我国保险资金运用监管制度的研究，如李敏（2020）借鉴美国投资型保险资金运用监管的经验，提出我国保险资金运用监管制度可以在功能监管理念下扩大"证券"的法律概念，将投资型保险纳入证券监管体系中。[④]

4. 保险公司偿付能力监管

偿付能力监管是各国保险监管制度的核心内容。偿付能力监管的理论依据是风险与资本的关系，既有研究主要讨论了偿付能力下风险与资本的互动关系，如孙武军和李政（2020）考察了"偿二代"实施前后寿险公司资本比例、承保风险和投资风险三者之间的相关

[①] 李红坤，田立欣，陈利. 我国保险资金运用顺周期性及逆周期监管[J]. 经济与管理评论，2016（1）：110-118.

[②] 胡良. 偿付能力与保险资金运用监管[J]. 保险研究，2014（11）：94-102，55.

[③] 张骥，孙健."偿二代"对保险资金运用效率影响的差异——基于分业视角[J]. 济南大学学报（社会科学版），2019（11）：79-90，159.

[④] 李敏. 美国投资型保险资金运用监管及其借鉴[J]. 华东政法大学学报，2020（11）：165-177.

关系，发现"偿一代"下寿险公司风险与资本未形成良好的传导机制，资本比例与投资风险呈负相关关系，而"偿二代"下寿险公司风险与资本逐渐形成显著的正相关关系，承保风险与投资风险呈显著负相关关系。[①]何青华、刘玮（2021）研究发现"偿一代"下资本与风险之间尚未形成良好的互动关系，"偿二代"下资本与风险之间形成了良性互动关系。[②]

也有不少学者对保险公司偿付能力的影响因素进行了研究。郝臣等（2017）研究发现保险公司的信息披露水平越高，其偿付能力越强，强制性信息披露水平对偿付能力有正向促进作用。[③]袁成、杨波（2014）发现我国寿险公司和大型公司的偿付能力充足率主要受到资本金和投资收益的影响，财险公司和中资公司的偿付能力充足率主要受到资本金、再保险程度、赔付程度以及成本率的影响，外资保险公司的偿付能力充足率则主要受到资本金和再保险程度的影响。[④]

5. 保险公司治理监管

公司治理是现代企业制度的核心问题。在保险公司治理监管的研究中，学者主要关注保险公司治理对公司绩效的影响。凌士显、

[①] 孙武军，李政."偿二代"下寿险公司风险与资本关系的实证研究——基于与偿一代对比研究的视角[J].北京工商大学学报（社会科学版），2020（3）：105-115.

[②] 何青华，刘玮.偿付能力监管下资本、风险与再保险的调整机制研究——基于中国产险市场的经验证据[J].保险研究，2021（11）：14-35.

[③] 郝臣，孙佳琪，钱璟，付金薇.我国保险公司信息披露水平及其影响研究——基于投保人利益保护的视角[J].保险研究，2017（7）：64-79.

[④] 袁成，杨波.保险公司偿付能力充足率解读——来自我国16家保险公司的经验证据[J].中央财经大学学报，2014（9）：36-41,54.

谢清华（2015）基于32家股份制保险公司的经验数据研究发现，董事会规模对公司绩效的影响是负面的，其中无教育背景的董事比例对公司绩效的影响也是负面的，但独立董事比例、女性董事比例、金融背景董事比例、法律背景董事比例对公司绩效具有显著的正面影响。[①] 夏喆、靳龙（2013）实证分析了保险公司治理结构对保险公司风控水平和绩效水平的影响，结果表明保险公司第一大股东持股比例和独立董事比例对保险公司的风险管理有显著影响，而治理机制无助于保险公司绩效的改善。[②] 李腾、钟明（2019）实证检验了我国47家股份制保险公司独立董事占比及其背景特征对公司盈利能力、偿付能力水平的影响后发现，保险公司独立董事的比例与保险公司的盈利能力呈现U型关系，但独立董事比例对偿付能力水平的影响不显著。进一步来说，我国保险公司独立董事制度的有效性在具有自发性公司治理意识或股权更分散的公司中显著更强。[③]

（三）我国保险资管业发展历程

保险资产管理以保险资金运用为核心，保险资金运用的发展阶段代表了保险资产管理及其监管的发展历程。朱南军等（2022）将改革开放之后保险资金运用的发展历程划分为五个阶段，即保险资

[①] 凌士显，谢清华.我国保险公司董事会治理有效性实证研究——基于32家股份制保险公司的经验数据 [J].保险研究，2015（12）：21-29.

[②] 夏喆，靳龙.公司治理机制对我国保险业风险与绩效的影响——基于我国保险行业2011年截面数据 [J].保险研究，2013（3）：16-23.

[③] 李腾，钟明.利益相关者视角下我国保险公司独立董事制度有效性研究 [J].保险研究，2019（9）：60-73.

金运用缺乏法律法规约束的缺法无序阶段、《保险法》出台后的监管萌芽阶段、保险资金运用监管初成体系阶段、投资渠道拓宽后金融风险滋生的阵痛前行阶段以及原保监会开启新一轮改革的监管完善阶段。[①]李森林（2019）则划分为初期阶段、规范发展阶段及市场化改革阶段。初期阶段以国务院转批《关于加快发展我国保险事业的报告》及同年中国人民保险公司获准成立投资公司为标志；规范发展阶段以《保险法》的颁布实施为起点，以1998年原中国保险监督管理委员会的正式成立为标志；市场化改革阶段则以2012年6月保险投资改革创新讨论会的召开及随后发布的13条保险投资新政为起点，以2013年立项的"以风险为导向的偿付能力监管体系"为标志。[②]

曹德云（2019）划分了五个阶段，即投资品种单一、投资领域混乱的起步阶段，《保险法》颁布后行业有序发展的规范阶段，以建立集中化、专业化、规范化的保险资金运用体制和拓展投资渠道为标志的发展阶段，以"新国十条""十三项新政"出台为标志的改革阶段以及以原保监会"1+4"系列文件下发为标志的严监管阶段。[③]任春生（2018）划分了探索起步时期、拓渠道和严管控时期、市场化改革时期以及规范发展和严监管时期[④]四个时期。刘福寿（2019）将新中国成立70年以来的保险业发展历程划分为四个阶段，其中改

[①] 朱南军，吴诚卓.保险资金运用制度演进与完善[J].中国金融，2022（2）：57-58.
[②] 李森林.保险资金运用政策的历史变迁[J].保险职业学院学报，2019（8）：38-43.
[③] 曹德云.中国保险资产管理业发展现状和趋势[J].上海保险，2019（4）：27-32，64.
[④] 任春生.我国保险资金运用改革发展40年：回顾与展望[J].保险研究，2018（12）：29-33.

革开放后的发展历程分为央行集中统一监管的集中监管阶段、原保监会专司监管职能的专门监管阶段以及银保监会组建后的协同监管阶段。①周延礼（2019）认为我国保险监管体系自新中国成立以来主要经历了四个历史发展时期，其中自改革开放以来可以划分为三个时期，即央行履行保险业监管职能阶段，国家建立专门保险监管机构、建立现代保险监管体系时期以及银行业和保险业统一监管时期。②

综合既有研究成果不难发现，对改革开放以来保险业发展历程的划分主要基于保险投资领域与渠道、保险资金运用监管体系、保险业监管机构三个维度，各个阶段的标志性事件通常为重要法律法规的出台（如1996年《保险法》的颁布）、重大政策的制定（如"新国十条""十三项新政"）以及监管机构的重大调整（如1998年原保监会的成立及2018年银保监会的组建）。

表1 改革开放以来我国保险业发展历程阶段划分

学者	第一阶段	第二阶段	第三阶段	第四阶段	第五阶段
朱南军等（2022）	保险资金运用缺乏法律法规约束的缺法无序阶段（1980—1994）	《保险法》出台后的监管萌芽阶段（1995—2003）	保险资金运用监管初成体系阶段（2004—2012）	投资渠道拓宽后金融风险滋生的阵痛前行阶段（2013—2016）	原保监会开启新一轮改革的监管完善阶段（2017—2022）
李森林（2019）	初期阶段（1984—1994）	规范发展阶段（1995—2011）	市场化改革阶段（2012—2019）		

---

① 刘福寿.我国保险监管法制建设70年：回顾与展望[J].保险研究，2019（9）：3-10.
② 周延礼.70年保险监管改革与发展[J].中国金融，2019（10）：26-28.

续　表

学者	第一阶段	第二阶段	第三阶段	第四阶段	第五阶段
曹德云（2019）	投资品种单一、投资领域混乱的起步阶段（1980—1994）	《保险法》颁布后行业有序发展的规范阶段（1995—2003）	以建立集中化、专业化、规范化的保险资金运用体制和拓展投资渠道为标志的发展阶段（2003—2012）	以"新国十条""十三项新政"出台为标志的改革阶段（2012—2017）	以原保监会"1+4"系列文件下发为标志的严监管阶段（2017—2019）
任春生（2018）	探索起步时期（1980—2003）	拓渠道和严管控时期（2003—2012）	市场化改革时期（2012—2017）	规范发展和严监管时期（2017—2018）	
刘福寿（2019）	央行集中统一监管的集中监管阶段（1979—1998）	原保监会专司监管职能的专门监管阶段（1998—2018）	银保监会组建后的协同监管阶段（2018—2019）		
周延礼（2019）	央行履行保险业监管职能阶段（1979—1998）	国家建立专门保险监管机构、建立现代保险监管体系时期（1998—2018）	银行业和保险业统一监管时期（2018—2019）		

（四）保险监管制度的国际比较

美国、英国、日本等域外发达经济体的保险资管业发展历程更为悠久，保险资管监管的经验更加丰富，既有研究通过对比分析发达国家的保险监管制度，为我国保险监管制度的完善提供了可借鉴的经验。王姝（2013）对比了主要发达国家保险监管制度的演进过程及特征，发现英国、美国、德国和日本四个发达国家保险监管制度的共通点表现为法律体系相对完善；都建立了独立和健全的保险监管机构；基本完成了由监管内容向偿付能力监管、由分业监管向混业监管的转变。差异之处在于保险监管所秉承的理念和思想不尽相同，混业经营监管体系不同。加强宏观审慎监管、集团监管、监管合作与协调是保险监管制度的发展趋势。[①]崔冬初（2010）从制度变迁的视角对美国保险监管制度的演变进行了研究。[②]盛宝良对美国保险监管制度分析后认为，美国政府长期实行的高度严格的监管是保险行业保持健康的重要原因。[③]何丽新等（2019）分析了日本保险自由化的经验与教训，认为日本自由化监管系统模式顺应了保险发展趋势，保障了日本保险系统的高效稳定运行。[④]

关于保险监管制度国际比较的研究中，对监管体制改革与宏观审慎监管的经验较为关注。宏观审慎监管的目标是维护金融稳定，防范系统性金融风险。巴曙松等（2018）分析了美国、英国、新加坡的资产管理行业监管框架后发现域外发达国家普遍将资产管理行业纳入到了本国的宏观审慎监管框架中，并建立了系统重要性金融机构的评估机制。[⑤]朱南军等（2019）梳理了美国、英国、澳大利亚、荷兰在2008年次贷危机后的系统重要性金融机构监管制度的设计，指出中国应改变现有的"一行三会"监管模式，采取"央行＋微观

[①] 王姝. 主要发达国家保险监管制度比较研究 [D]. 吉林大学，2013.
[②] 崔冬初. 美国保险监管制度研究 [D]. 吉林大学，2010.
[③] 盛宝良. 美国保险监管制度探析 [J]. 保险理论与实践，2018（9）：64-68.
[④] 何丽新，陈昊泽. 日本保险的自由化及其限制——以《保险业法》制度变迁为切入点 [J]. 现代日本经济，2019（5）：35-48.
[⑤] 巴曙松，王琳. 资管行业的功能监管框架：国际经验与中国实践 [J]. 清华金融评论，2018（4）：21-24.

审慎监管局+金融行为监管局"的监管模式。[①] 杨惠（2007）在对美国《格雷姆—里奇—比利雷法》（Gramm-Leach-Bliley，GLB）法案分析后认为，普遍被视为体现功能监管理念的GLB法案实际上是机构监管与功能监管理念相互冲突和协调的产物[②]，我国金融监管改革应当借鉴GLB法案以机构监管与功能监管相结合应对"金融混业"潮流，并强化监管机构分工协调以达到监管效能最大化的经验。

在偿付能力监管方面，李晓翾、卢山（2020）对新加坡第一代和第二代风险基础资本监管规则进行了梳理比较，分析了技术层面的量化框架升级和政策层面的行业发展导向，为我国"偿二代"二期工程建设提供了参考与借鉴。[③] 何丽新等（2019）将偿付能力基准设置不精准视为日本保险自由化的教训之一。[④]

第三节 研究的内容与方法

一、研究内容

第一章，导论。本章阐述了研究背景和意义，提出了保险资产

[①] 朱南军，谢丽燕，邓博文. 系统重要性金融机构：国际监管实践与中国金融改革[J]. 贵州财经大学学报，2019（7）：60-69.

[②] 杨惠. 机构监管与功能监管的交错：美国GLB法案的经验[J]. 财经科学，2007（5）：11-18.

[③] 李晓翾，卢山. 新加坡RBC监管规则变化及对我国偿二代的借鉴——基于财产保险业视角[J]. 保险研究，2020（1）：79-86.

[④] 何丽新，陈昊泽. 日本保险的自由化及其限制——以《保险业法》制度变迁为切入点[J]. 现代日本经济，2019（5）：35-48.

管理法律监管的理论基础,对保险资产管理相关的既有研究成果进行了综述,概括了本书的研究内容,展示了本书的研究方法。

第二章,我国保险资产管理及其监管的发展历程。本章从保险资金运用及保险资产管理法律监管体系两个维度,结合既有研究成果,提出了我国保险资产管理及其监管的发展历程的"五阶段":保险资金运用无序发展与无法律监管阶段(1980—1995年)、保险资金运用初步规范与机构监管初步确立阶段(1995—2003年)、保险资金运用渠道拓宽与法律监管体系初步建立阶段(2003—2012年)、保险资金运用市场化改革与法律监管体系完善阶段(2012—2017年)及保险资金运用规范发展与法律监管体系强化阶段(2017年至今)。

第三章,保险资产管理法律监管的现状与不足。本章全面梳理了我国保险资产管理法律监管体系涵盖的法律法规及规章制度,从一般性法律和针对性法律两个层面分析了保险资产管理的基础法律关系以及保险资产管理法律体系的构成,将我国保险资产管理一般性法律确立为民商法基础和部门监管法,将针对性法律按照监管内容划分为公司治理、资金运用、偿付能力、信息披露、关联交易等方面的监管制度,结合当前我国保险资产管理行业乱象,分析并指出我国保险资产管理法律监管在监管理念、监管体制、监管机制和监管规则方面存在的不足。

第四章,域外保险资产管理业务的法律监管制度。本章主要分析了美国、英国、日本、新加坡等域外发达国家的保险监管制度发展历程及主要特点,对比了域外发达经济体保险资产管理监管制度的共性特征及不足,结合我国保险资产管理法律监管的现状,提出了四个方面的启示和经验借鉴,包括机构监管和功能监管相结合、金融市场稳定与投资者权益保护并重、宏观审慎监管并关注系统性风险以及强化监管协调及提高资管业务透明度。

第五章,我国保险资产管理法律监管的理念与体制变革。本章基于第三章我国保险资产管理法律监管在监管理念及监管体制方面的现状和不足,借鉴域外发达经济体的保险资产管理监管经验,提出了监管理念和监管体制方面的优化方案和变革路径,即监管理念的优化应当以金融安全和金融效率并重、明确保险资管业务的监管思路及信托性质、树立金融消费者权益保护的监管目标;监管体制的优化应当注重填补《资管新规》的不足、修改并完善信托法律体系、重塑保险资产管理人的信义义务、完善金融消费者权益保护制度以及完善信息披露制度。

第六章,我国保险资产管理法律监管的机制和规则完善。本章基于第三章我国保险资产管理法律监管在监管机制及监管规则方面的现状和不足,借鉴域外发达经济体的保险资产管理监管经验,提出了监管机制和监管规则方面的完善路径和措施,即监管机制的完善应当采用统合监管的模式、建立健全监管协调机制、完善信息共享机制、建立风险监测机制;监管规则的完善应当注重把握法律监管的合理边界,完善穿透式监管规则,推动监管机构整合及权责协调。

第七章,结论。归纳了本书的主要研究结论。

二、研究方法

(一) 比较分析方法

我国保险资管行业与美国、英国、日本、新加坡等发达经济体的发展程度不同，保险资管业务监管制度同样与发达经济体的监管模式有所区别。比较我国与域外发达经济体在保险资管监管制度方面的共性与特性，有助于检视我国保险资管业务及监管体系的独特优势与不足，能为我国保险资管行业的发展与监管体系的完善提供有益的经验借鉴。

(二) 历史分析方法

保险资管法律制度的演进具有基于历史概念集合的泛演化逻辑。通过梳理我国保险资管行业改革开放以来的发展历程，既可以帮助我们汲取发展过程中的经验教训，又能帮助我们把握保险资管业务发展的趋势和方向，为我国保险资管法律监管体系的完善提供前瞻性的思维和视野。

(三) 文本分析方法

保险资管法律问题研究涉及对资管行业的法律法规和政策文件的分析。运用文本分析方法，梳理保险资管业务领域出台的一系列法律法规、部门规章及规范性文件，并对这些法律文件进行分类、比较和分析，有助于发现现有法律体系的缺失、缺位及不足，为完善我国保险资管监管制度方案奠定基础。

第二章

我国保险资产管理及其监管的发展历程

保险资产管理最核心的业务是保险资金投资与保险资产配置。我国保险业自改革开放恢复以来，保险资金投资经历了"无序—严控—有序放开"的发展阶段，而保险资金投资的监管则经历了"缺位—规范—逐步健全"的发展历程。虽然各阶段的划分仁者见仁、智者见智，但保险资产管理及监管体系演进的内在逻辑是一以贯之的，各个阶段通常以重要法律法规出台（如1996年《保险法》的颁布）、重大政策制定（如"新国十条""十三项新政"）以及监管机构重大变革（如1998年原保监会的成立及2018年银保监会的组建）作为分水岭。基于此，结合保险资金运用阶段划分既有研究，将改革开放以来保险资产管理及其监管的发展历程划分为五个阶段。

第一节 保险资金运用无序发展与无法律监管（1980—1995年）

一、保险资金运用混乱失序

1979年4月，国务院作出了"逐步恢复国内保险业务"的重大决策。1980年，中国人民保险公司复业，我国中断20年之久的国内保险业务正式恢复。刚刚起步的中国保险业无论是经营规模还是在国民经济中的作用，都难以满足我国经济迅速发展的需要，也远远落后于世界上大多数国家。以我国同一年保险费收入折合5.13美元计算，我国保险费收入位居世界第 34 位，仅占全世界保险费收入的 0.13%，占我国社会总产值的 0.12%，人均保险费仅为 0.6 美元。[①]

在此背景下，1984 年国务院批复同意中国人民保险公司《关于加快发展我国保险事业的报告》，同年中国人民保险公司获准成立投资公司，投资公司可用部分准备金投资银行存款、国债和金融债券，这一政策的转变标志着我国保险资金运用的正式起步。1988 年全国物价"闯关"，国民经济出现过热现象，通货膨胀严重，商品严重紧缺，党的十三届三中全会提出通过压缩投资规模、调整投资结构等方式加强对宏观经济的监管。相应地，保险资金投资政策收紧，直到 1991 年我国经济形势好转才再次放宽。由于这一阶段缺乏明确的制度指引，因此保险资金投资普遍缺乏规范，保险资金分散在保险公司各个机构，投资业务简单粗放，投资领域混乱无序，大量保险资金投入房地产、有价证券、信托、借贷等高风险领域，导致保险公司资产状况恶化，不良资产攀升。

二、监管法律法规缺位

我国保险业恢复后的第一部法律文件是 1985 年 4 月施行的《保险企业管理暂行条例》，这一行政法规对保险企业的设立、偿付能力、保险准备金、再保险业务及国营企业中国人民保险公司都作出了规定，但并未涉及保险资金的运用。保险资金投资未受限制助长

[①] 1984 年 11 月 3 日国务院批转中国人民保险公司《〈关于加快发展我国保险事业的报告〉的通知》。

了保险市场的混乱和无序，保险企业不良资产比重持续攀升。在政府监管方面，保险业恢复后仍由中国人民银行监管，1985年出台的《保险企业管理暂行条例》明确中国人民银行为国家保险管理机关，保险业与其他金融业一道接受中国人民银行的集中统一监管。1994年5月，中国人民银行在非银行金融机构管理司设立保险处，专门负责对保险机构的监管。

除了《保险企业管理暂行条例》，这一阶段国务院和中国人民银行先后出台了《保险企业管理条例》（1985）、中国人民银行《关于中国人民保险公司存款利率的规定》（1986）、中国人民银行《关于保险公司保险金存款问题的通知》（1990）、中国人民银行《关于保险业务和机构进一步清理整顿和加强管理的通知》（1991）、《关于保险企业资金收支计划与资金运用计划管理有关问题的通知》等部门规章和规范性文件，对保险资金构成和投资范围进行了规范，但由于保险资产管理监管相关的法律法规缺位，这一阶段监管部门并未解决保险资金投资无序、混乱、失控的问题。

第二节　保险资金运用初步规范与机构监管初步确立（1995—2003年）

一、保险资金运用初步规范

1995年《中华人民共和国保险法》（《保险法》）正式施行，《保险法》明确保险资金可运用于银行存款、政府债券、金融债券等形式。《保险法》的出台终结了10多年保险资金投资的混乱、无序状态，我国保险资金投资在《保险法》的规范下进入规范有序、严格监管的新发展阶段，但由于保险投资范围受到严格限定，保险投资也面临着投资渠道单一、投资效率低下、监管体制机制滞后等问题，难以通过灵活的资产组合应对金融周期的波动，如预定利率长期固定的寿险在市场利率不断下调的经济环境下利差益逐渐趋近于零，甚至产生了利差损，影响到寿险公司的正常经营。[1]

二、保险法律出台，专门监管机构确立

这一阶段保险资产管理监管在法律规范、监管模式、机构监管方面发生了重大变化，一是专门针对保险业的法律颁布实施。《保险法》的出台确立了我国保险资金投资的基本框架，在此基础之上，保险监管部门先后发布了《保险管理暂行规定》（1996）、《保险公司财务制度》（1999）、《保险公司购买中央企业债券管理办法》（1999）、《保险公司管理规定》（2000）等部门规章，强化了保险公司治理和保险资金投资比例方面的规制。二是我国金融行业的分业监管格局建立。1997年11月召开的首次全国金融工作会议决定银行业、证券业和保险业实行分业经营和分业管理，奠定了我国金融行业的分业监管格局。三是专司保险监管职能的中国保险监督管理委员会（原"保监会"）于1998年11月成立，开启了我国保险资产管理的机构

---

[1] 李森林.保险资金运用政策的历史变迁[J].保险职业学院学报，2019（8）：38-43.

监管模式。1999年年底至2001年4月，原保监会陆续在各省、自治区、直辖市及计划单列市设立派出机构，强化了组织体系建设。2010年后，原保监会再次设立了13家保监分局，拓宽了监管半径。此外，统筹处理保险消费者保护事宜的保险消费者权益保护局于2011年正式成立，标志着我国保险消费者保护工作的加强。

第三节　保险资金运用渠道拓宽与法律监管体系初步建立（2003—2012年）

一、保险资金运用渠道逐步拓宽

（一）保险资金投资渠道不断拓宽、投资领域不断扩大

为贯彻落实党的十六届三中全会对资本市场发展作出的部署，促进资本市场稳定发展，国务院2004年初出台的《关于推进资本市场改革开放和稳定发展的若干意见》中强调支持保险资金入市，提出要"使基金管理公司和保险公司为主的机构投资者成为资本市场的主导力量"，保险资产管理行业在政策加持下迎来大发展，原保监会先后发文允许保险公司投资可转换公司债券以及股票（包括境外股票）。2006年国务院《关于保险业改革发展的若干意见》强调要进一步扩大保险资产管理范围，放宽保险资金投资比例、品种及渠道，同年《保险资金间接投资基础设施项目试点管理办法》的出台将保险资金投资渠道拓展到"交通、通讯、能源、市政、环境保护等国家级重点基础设施项目"。2009年《保险法》的修订则以法律形式将

保险资金投资形式固定下来，规定保险资金可以买卖有价证券，并且"投资于不动产"，奠定了我国保险资金投资的基本格局。

（二）保险资管市场主体迅速增加，保险资管产品不断创新

2003年7月，我国第一家保险资产管理公司——中国人保资产管理有限公司成立。2004年《保险资产管理公司管理暂行规定》颁布，拉开了保险资产管理集中化、专业化、市场化发展的序幕，其中取消对保险资金设立证券经营机构和保险业以外企业的限制，为保险资管业务范围的拓宽留下了法律空间。2005年1月，该暂行规定实施后的第一家保险资产管理公司——华泰资产管理有限公司——发起设立，次年，华泰增值投资产品作为国内首只保险资管产品试点发行。2006年《保险资金间接投资基础设施项目试点管理办法》允许以债权、股权、物权等方式投资基础设施项目后，业界迅速推出针对特定项目的债权投资计划、股权投资计划，创设了独具特色的保险资管产品。随着保险资管机构的陆续设立与资管产品化的创设，我国保险资管行业迅速发展，逐步形成了承保业务与资管业务双轮驱动的格局，保险资管行业从单一的保险业务进入资产负债协同发展的新阶段。

二、法律监管体系初步建立

保险资金运用的市场化改革拓宽了保险资金的投资领域和范围，将决策权、选择权以及风险承担充分交给了市场主体，保险资管市

场活力显著增强，管理资产规模持续增长，但保险资管公司不规范投资所滋生的风险也在逐步累积，尤其是跨市场、跨行业风险逐步向保险业渗透和传递。这一阶段，通过健全偿付能力监管、公司治理监管和投资行为监管法律监管体系，"三支柱"保险监管框架初步建立。

（一）偿付能力监管体系初步建立

从2001年《保险公司最低偿付能力及监管指标管理规定》确立最低偿付能力额度，到2003年《保险公司偿付能力额度及监管指标管理规定》引入偿付能力充足率，再到2008年《保险公司偿付能力管理规定》增加集中度风险、市场风险、流动性风险、信用风险等规定，基于我国国情的偿付能力监管制度体系初步建立。监管部门可以依照偿付能力规定对保险公司的偿付能力进行评估，对个别偿付能力不足的保险公司下发监管意见书，并采取相应的监管措施。为提升偿付能力监管标准制定的科学性，原保监会于2007年成立中国保险业偿付能力监管标准委员会，负责对偿付能力监管标准制定过程中出现的重大技术问题提供咨询论证，偿付能力评估的科学性和偿付能力监管的效率得到了很大提高。

（二）公司治理监管制度框架逐步完善

保险公司作为保险资产管理公司的母公司（股权高度集中），具有较强的内部管理色彩，保险资管公司普遍存在着委托人、股东、董事角色重叠问题以及委托人过度干预的现象，规范保险公司治理体系有助于提升保险资管公司的主动管理能力与市场化运作能力。一是出台《保险资产管理公司管理暂行规定》(2004)，将保险业务和资金运用业务分离，建立了针对保险资管公司的机构监管制度体系，为保险资管业务的专业化、集中化、市场化运作奠定法制基础。二是为进一步规范公司治理结构，原保监会发布《关于规范保险公司治理结构的指导意见（试行）》(2006)，针对保险公司及保险资管公司治理结构中的主要股东义务、董事会建设、监事会作用、管理层运作、关联交易和信息披露管理以及治理结构监管六个方面提出规范意见。三是为防范化解合规风险，原保监会印发《保险公司合规管理指引》(2007)，要求保险公司及保险资管公司按照指引建立健全合规管理制度，完善合规管理组织架构，明确合规管理责任，构建合规管理体系。

（三）投资行为监管机制逐步完善

我国保险资产管理起步较晚，基础制度建设滞后，内部控制机制薄弱，重投资、轻内控，重收益、轻风险的现象普遍存在，违规运作时有发生。保险资产管理是保险业防范风险的生命线，2004年4月原保监会出台的《保险资产管理公司管理暂行规定》明确了保险资管机构与保险公司之间的权利义务关系，确定了受托管理保险资金遵循的基本原则。同年原保监会出台《保险资金运用风险控制指引（试行）》，完善保险资金投资的风险控制体系和机制。2006年10月，原保监会《关于加强保险资金风险管理的意见》的发布，进一步健全了保险资金风险管理体系和运行机制。

第四节 保险资金运用市场化改革与法律监管体系完善（2012—2017年）

一、保险资金运用市场化改革不断深化

（一）保险资金投资渠道进一步拓宽

2011年《保险资产管理公司管理暂行规定》的修订，放宽了保险资管公司受托管理的资金来源限制。自2012年以来，以国务院《关于加快发展现代保险服务业的若干意见》（"新国十条"）、保险资金投资"十三条新政"（2012年至2013年密集发布的一系列新政策）、大类资产比例监管以及偿付能力监管为代表的市场化改革，对我国保险资产管理业的发展起到了深远的影响。"十三项新政"拓宽了保险资金的投资渠道，扩大了保险资管产品品种，尤其是非标准化债权类资产投资放宽后，非标资产的投资比例逐步加大，由2013年的16.90%上升至2020年9月的38.03%[1]，推动我国保险资产配置从传统的银行存款和债券，逐步发展到包含权益、债券和非标投资的多元化配置，推动保险资管机构的角色由投资人向管理人转变。

表2 保险资金投资"十三项新政"（2012—2013年）

规范性文件名称	主要内容
《保险资金投资债券暂行办法》	新增多个债券投资品种 放宽可投资无担保债发行限制

---

[1] 杨琳，郭祥，蒋亚男，张祖贤.低利率时代的保险资金配置研究[J].保险理论与实践，2021（6）：46-86.

续 表

规范性文件名称	主要内容
《保险资金委托投资管理暂行办法》	放宽保险基金受托机构范围
《关于保险资金投资股权和不动产有关问题的通知》	提高保险公司投资未上市公司股权上限 打通不动产投资和债权计划投资壁垒
《保险资产配置管理暂行办法》	划分"普通账户"和"独立账户" 放宽投资比例要求
《保险资金境外投资管理暂行办法实施细则》	明确保险资金境外投资可投资的品种
《关于保险资金投资有关金融产品的通知》	明确保险资金可以自行购买相关产品
《基础设施债权投资计划管理暂行规定》	放宽基础设施债权投资计划的投资范围减少对偿债主体的严格限制
《关于保险资产管理公司有关事项的通知》	拓宽保险资产管理公司业务范围
《保险资金参与金融衍生产品交易暂行办法》	明确保险机构可参与衍生品交易，但不得用于投机目的
《保险资金参与股指期货交易规定》	明确保险资金可参与股指期货交易

（二）简政放权激发行业创新活力

保险资管市场化改革阶段，原保监会确立了"放开前端，管住后端"的监管新思路，即在风险可控的前提下，把保险经营权还给市场主体，把风险管控的主要责任交给市场，逐步简政放权，持续鼓励行业创新。在监管新思路的引导下，原保监会将基础设施投资计划等产品发行方式从备案制改为注册制，并授权中国保险资产管理业协会负责具体注册工作。这一举措显著提升了保险资管产品注册效率。据统计，保险资管产品注册发行系统上线后效率大幅提高，产品注册时长缩短为6个工作日，一年的发行规模超过了过去7年的总和。①同时，保险资管产品创新力度不断加大，产品种类迅速增加，行业主体建设、投资方式、产品形式、交易结构、激励机制等更加灵活多样，保险资管业创新动力不断增强。

（三）保险资管市场风险隐患逐步积聚

2012年以来在以"放松前端、管住后端"为导向的市场化改革措施和旺盛的社会融资需求的加持下，我国资产管理行业步入高速发展时期，2012—2016年，我国资管规模年复合增长率高达41%。②以理财产品为例，2014年6月理财产品规模为12万亿元，2016年12月理财产品规模已攀升至29.04万亿元，其中非保本产品存续余额达23.11万亿元。③然而，由于法律监管制度的不健全，资产管理业务存在一定程度的监管真空，未能实现对资管业务的统一监管，以致于该阶段保险资管行业处于野蛮生长、无序竞争的状态，交叉互持、通道业务、资金池、多层嵌套、刚性兑付、空转套利等问题较为突出，金融风险逐步积聚。以人身险业为例，人身险业在快速发展过程中暴露出中短期高现价万能险产品过快增长所导致的资产负债严重错配的问题。高成本压力促使部分保险公司短钱长投，大量投资于另类投资项目，在资本市场大肆举牌，大规模开展境外收购，少数保险公司涉嫌违规用保费虚假注资，形成较大风险

---

① 陈文辉.保险资金运用的市场化改革[J].中国金融，2014（2）：13-14.
② 段国圣，段胜辉.资产管理业发展的嬗变与未来发展趋势[J].清华金融评论，2019（2）：26-30.
③ 巴曙松、杨倞等.2017年中国资产管理行业发展报告[M].浙江人民出版社，2017，216.

隐患。①

二、放开前端、管住后端，法律监管体系更加完善

（一）偿付能力监管体系更加健全

偿付能力作为衡量公司经营能力的风向标，被称作保险公司的"生命线"。自2001年以来，为防范金融风险，强化偿付能力监管，原保监会不断完善相关措施。2013年，《中国第二代偿付能力监管制度体系整体框架》（"偿二代"）最早提出构建"三支柱"监管体系：定量资本要求、定性监管要求和市场约束机制，实现了以风险为导向的监管体系转变。2015年，《保险公司偿付能力监管规则》（《规则Ⅰ》）出台，"偿二代"17项监管规则基本成型。

"偿二代"监管体系主要通过偿付能力监管强化对投资资产风险的识别和计量以及对产品投资的引导和约束，是补齐监管制度短板的重要举措，符合我国保险行业的发展实际，同时具有国际可比性。"偿二代"监管体系的构建标志着我国保险公司偿付能力监管从关注资产规模的"偿一代"阶段步入到以风险管控为主的"偿二代"新阶段，这对于防范和化解险资风险、维护保险资管市场稳定运行、推动保险资管行业高质量发展以及保护金融消费者权益都具有重要意义。

---

① 中国人民银行. 中国金融稳定报告（2019）.

（二）大类资产比例监管体系更加健全

大类资产比例监管是推进保险资金运用体制市场化改革的重要举措。2014年1月，原保监会发布《关于加强和改进保险资金运用比例监管的通知》，针对保险资金运用的各类风险设置不同的监管比例，如通过制定大类资产配置的资金运用上限比例应对系统性风险，通过制定投资单一资产和单一交易对手的资金运用集中度上限比例应对集中度风险，通过制定流动性状况、融资规模和类别资产等用于风险预警的监测比例应对资产的流动性、高波动性等风险。2017年1月，原保监会发布的《关于进一步加强保险资金股票投资监管有关事项的通知》，将保险机构投资上市公司股票的行为分为一般股票投资、重大股票投资和上市公司收购三种情形，并运用比例监管及偿付能力监管等方式实施差异化监管。

第五节 保险资金运用规范发展与法律监管体系强化（2017年至今）

一、保险资金运用规范发展

（一）服务国家战略和实体经济

自1995年《保险法》颁布以来，我国保险资产配置范围从最初的银行存款、政府债券、金融债券等固定收益类产品逐步放宽至股票、股权、不动产、基础设施投资计划、资产支持计划、证券投资基金、境外投资、金融衍生产品、创业投资基金及私募基金等品种。[①] 近年来，国家加大保险资金服务国家战略和支持实体经济的鼓励力度，引导保险资金投资制造业转型升级项目，支持保险资金创新资金运用方式为"一带一路"建设提供资金支持，鼓励推进保险资金参与 PPP 项目和重大工程建设。

（二）保险资管业务风险突出

随着保险资产配置范围和方式的持续松绑，保险资金违规投资乱象丛生，出现了违规利用保险资金加杠杆、违规开展多层嵌套投资、违规开展资金关联交易、违规开展股权投资、违规开展境外投资、变相开展"明股实债"等各种违规投资行为，同时非理性并购、股票炒作、短钱长投、激进投资等高风险投资行为突出，逃避关联交易监管、向特定关系人输送利益等行为屡禁不止，保险资管业务风险逐步攀升。

二、防风险、强监管，法律监管体系更加严格

2016 年 12 月召开的中央经济工作会议指出我国经济运行存在着经济增长内生动力不足、金融风险有所积聚等问题，强调"要将防控金融风险放到更加重要的位置"。这些金融风险在保险行业表现为：部分保险公司发展模式激进、资产负债严重错配、流动性风险隐患突出、公司治理结构不完善、内控体系不健全，存在股东虚

[①] 袁军. 中国保险资管现状与未来发展趋势思考[J]. 现代管理科学, 2019 (10): 95-97.

假注资、内部人控制等问题，而保险行业存在偿付能力个体分化明显、局部风险增大的问题，另外一些保险机构盲目跨领域、跨市场投资并购，个别保险资管产品多层嵌套层出不穷，交叉传递风险逐步增大。

自2017年开始，在中央防控金融风险的总体要求下，我国金融业的政策取向调整为以强化监管、防控风险为主。在"防风险、治乱象、补短板、强监管、服务实体经济"的政策背景下，原保监会于2017年发布"1+4"系列文件[①]，指出当前保险业面临着流动性风险、保险资金运用风险、战略风险、新业务风险、外部传递性风险、群体性事件风险、底数不清风险、资本不实风险和声誉风险九个方面的风险，存在着资本不实、公司治理失效、违规激进投资、产品不当创新、销售误导、理赔难、违规套取保费以及数据信息造假八大市场乱象，要求强化监管力度，持续整治市场乱象，补齐监管短板，严密防控风险。"1+4"系列文件标志着保险资产管理业务步入新一轮防范风险、强化监管、规范市场的"严监管"阶段。2017年7月召开的全国第五届金融工作会议再次强调投资风险的防控。这一阶段针对保险业及保险资管业的监管主要体现为以下几个方面。

（一）统筹机构监管与功能监管

在机构监管方面，通过组建银保监会，强化机构协同监管。

---

① "1"即《关于进一步加强保险监管维护保险业稳定健康发展的通知》，"4"即防控风险、治理乱象、补齐短板、支持实体经济的四个配套文件。

2018年4月银保监会的组建从监管机构上实现了银行业和保险业的统一,是我国金融监管体制的一次重大变革,标志着我国金融监管从分业监管向混业监管的突破,有助于解决紧迫的监管协调问题,提升金融机构监管的有效性,更好地防范和控制系统性金融风险。在功能监管方面,为解决资产管理行业快速发展所产生的多层嵌套、刚性兑付、资金空转、逃避金融监管等问题,2018年4月27日,央行、银保监会、证监会、外汇局联合发布《关于规范金融机构资产管理业务的指导意见》(《资管新规》),统一同类资管产品监管标准,引导保险资金服务实体经济。《资管新规》的出台标志着我国金融机构资管业务正式进入功能监管的"大资管"时期。

(二)构建保险资管"三位一体"产品体系

为全面对标《资管新规》,银保监会于2020年3月发布《保险资产管理产品管理暂行办法》,明确保险资管产品定位为私募产品,对保险资管产品的共性作出原则性规范,随后发布了《组合类保险资产管理产品实施细则》《债权投资计划实施细则》和《股权投资计划实施细则》。自此《保险资产管理产品管理暂行办法》及债权计划、股权计划、组合类资管产品三项配套文件构建的保险资管"1+3"产品规则体系形成,保险资管业务操作规范更加清晰,监管标准和规则更加明确。

(三)完善"偿二代"监管规则

2021年12月30日,《保险公司偿付能力监管规则》(《规则Ⅱ》)

正式发布，标志着2017年9月原保监会启动的"偿二代"二期工程正式完成。《规则Ⅱ》相比于《规则Ⅰ》有较大修改，如针对保险资管产品多层嵌套等问题，《规则Ⅱ》要求按照"全面穿透、穿透到底"的原则识别出保险资金的最终投向。从近5年保险业偿付能力状况表来看，虽然偿付能力各项指标有所下降，但相较于《保险公司偿付能力管理规定》所规定的达标公司综合偿付能力充足率不低于100%、核心偿付能力充足率不低于50%、风险综合评级在B类及以上的监管要求而言是满足的。

表3 近5年保险业偿付能力状况表

时间	综合偿付能力充足率/%	核心偿付能力/%	风险综合评级/家			
			A类公司	B类公司	C类公司	D类公司
2017	251	240	108	57	1	2
2018	242	231	104	69	2	2
2019	247.7	236.8	103	69	4	1
2020	246.3	234.3	100	71	3	3
2021	232.1	219.7	91	75	8	4

数据来源：银保监会

当然，偿付能力监管首要在于监管规则的科学有效，比如日本在偿付能力基准制度构建初期的计算上存在缺陷，不能如实反映风险程度。例如偿付能力比率在200%以上的保险公司属于不需要采取任何监管措施的健康公司，而现实中绝大多数的保险公司在偿付能力远高于200%的情况下仍然发生了偿付能力危机，尤其是2008年日本大和生命保险公司在偿付能力比率超过600%的情况下宣告破产[1]，更暴露出偿付能力制度存在的问题。我国"偿二代"制度建设同样是为了弥补"偿一代"制度在监管实践中的不足。

（四）健全保险公司治理监管规范

为解决近年来保险机构业务激进、股权结构不明晰、内部人控制等现象，银保监会对保险集团公司在公司治理方面存在的问题和风险状况确立了更为明确的判断方法和评价标准[2]，标志着我国金融监管由过去针对资本充足性、流动性、杠杆率等数据指标的监管导向逐渐转变到深入公司内部治理水平的监管导向。2021年6月颁布的《银行保险机构公司治理准则》进一步完善公司治理监管规则，提出将党的领导融入公司治理的要求，促使保险集团公司治理监管更加符合中国之治。此后，《银行保险机构董事监事履职评价办法（试行）》（2021）、《银行保险机构大股东行为监管办法（试行）》（2021）、《银行保险机构关联交易管理办法》（2022）等一系列规范公司治理监管的部门规章陆续出台。

2021年12月，银保监会就《保险资产管理公司管理规定（征求意见稿）》公开征求意见，这是自《保险资产管理公司管理暂行规定》在2011年、2012年两次修订后对保险资管公司机构监管制度体系的又一次全面完善，有助于解决保险资管公司机构监管制度存在的滞后、冲突、空白等问题。征求意见稿中新增公司治理专门章节，

---

[1] 刘慧君，洪泳. 日本寿险业风险管理实践及借鉴[J]. 中国保险，2016（1）：61-64.
[2] 银保监会2019年11月25日发布的《关于印发银行保险机构公司治理监管评估办法（试行）的通知》。

结合近年来监管实践，从股东义务、激励约束机制、股东会及董事会监事会要求等方面强化公司治理监管约束。

（五）加强保险资金投资行为监管

一是规范保险资金股票投资行为。自2014年以来保险资金多次高调举牌上市公司，2015年险资举牌59次（占资本市场举牌总数的36%），2016年险资举牌10次（占举牌总数的9.1%）。[①] 保险资金频繁举牌造成被举牌公司股价异常波动，对资本市场的稳定构成威胁。为规范保险公司举牌行为，维护金融市场稳定，原保监会发布《关于进一步加强保险资金股票投资监管有关事项的通知》(2017)，将保险机构投资上市公司股票行为分为一般股票投资、重大股票投资和上市公司收购三种情形，并运用比例监管及偿付能力监管等方式对股票投资行为实施差异化监管。

二是强化股权管理与股东义务监管。近年来虚假出资、循环注资、隐形股东、违规代持、违规一致行动人、股东不当干预、向股东输送利益等问题屡禁不止。2018年修订的《保险公司股权管理办法》强调按照实质重于形式的原则，对保险公司股权实施穿透式监管和分类监管：针对股权结构复杂、实控人凌驾于公司治理的问题，强调保险公司的股权结构应当清晰、合理，禁止股权结构不清晰或者存在权属纠纷的投资人成为保险公司股东，监管部门还可以实施穿透式审查对保险公司股东及其实际控制人进行实质认定；针对资

[①] 毛文娟，王俊俊. 回应性监管策略对险资举牌的影响——基于万科、南玻、伊利和格力的多案例研究[J]. 南方经济，2019（1）：37-51.

本不实、挪用保险资金自我注资、循环使用、虚增资本等乱象，《保险公司股权管理办法》对入股资金的来源和出资方式作出了更加严格的规定，明令禁止重复出资、循环出资等违规注资行为。

三是强化保险资金境外投资的监管。2016年11月以来，原保监会为贯彻落实中央关于防范境外投资过快增长风险的会议精神，进一步强化保险资金境外投资的监管：第一，召集包括人寿集团、平安集团和安邦集团等15家重点保险机构召开专题会议，对其境外投资实施窗口指导，暂停10项措施所限制的境外投资业务。第二，加强境外投资的日常风险监测，叫停安邦保险等个别投资激进的保险机构境外投资项目，要求保险机构依法合规开展境外投资，强化资产负债匹配与流动性风险管理。同时，加强保险资金投资大额股权和不动产的信息披露监管，用市场化手段规范和约束保险资金境外投资行为。第三，发布排查保险资金境外股权和不动产投融资情况。第四，要求托管银行密切监控重点保险机构的境外投资行为，严控不符合要求的各种形式的异常外汇资金流出。[①]

（六）逐步发挥行业自律功能

我国保险资管行业最具代表性的自律组织是中国保险资产管理业协会（Insurance Asset Management Association of China，IAMAC）。IAMAC于2014年9月成立，由银保监会直接领导，专门履行保险资产管理自律职能，其职责包括实施行业自律、提供行业服务、研

[①] 商务局. 中国对外投资合作发展报告2017.

究行业问题、制定行业标准、推动业务创新等，近年来在保险资管监管方面的主要工作如下：

一是健全行业自律规则指引。制定《保险资产管理公司投资管理能力建设及自评估信息披露自律规则（试行）》，分析保险资管行业投资管理能力的建设现状并解决面临的突出问题；制定《保险资产管理产品估值指引（试行）》（2020），推动行业估值和净值化管理体系建设，提升产品估值和净值计量规范，切实保护投资者合法权益。

二是制定行业标准，健全行业规范。制定并发布《债权投资计划产品登记管理规则》《股权投资计划产品登记管理规则》《保险私募基金登记管理规则》，助力债权投资计划、股权投资计划、保险私募基金从"注册制"到"登记制"的平稳过渡；制定并发布《债权投资计划登记业务指引（第1号）》《债权投资计划募集说明书信息披露指引》等自律规则，明确相关业务标准和信息披露规范。

三是开展行业重大问题研究，推动资管产品创新。IAMAC近年来聚焦养老与"碳达峰、碳中和"等国家重大战略领域的前瞻性研究，充分发挥行业引导作用，先后发布《中国保险资产管理业绿色投资倡议书》《资产所有者ESG投资指南》《助推实现"碳达峰""碳中和"倡议书》，引导保险资管业向绿色低碳领域转型发展，同时推动养老金融产品创新，持续开展养老金管理领域的研究，支持行业养老金融业务的发展。[1]

---

[1] 曹德云.推进保险资管高质量发展[J].中国金融，2022（2）：52-54.

第三章

保险资产管理法律监管的现状与不足

我国保险资产管理监管自2017年进入了强监管、防风险的阶段，原保监会在《关于弥补监管短板构建严密有效保险监管体系的通知》中指出我国保险资产管理监管体系存在滞后、缺位、交叉、重叠甚至相互冲突等问题，部分制度对违法违规行为失之于宽、失之于软，导致不良资本利用制度缺陷控制保险公司，少数公司利用制度漏洞无序举牌冲击实体经济。健全保险监管体系，弥补制度短板，需要全面梳理现行保险资产管理法律监管制度体系，结合现阶段保险资产管理业的突出问题和风险隐患，充分识别监管制度体系中的滞后、缺失、冲突之处，促进监管理念、监管体制、监管机制和监管规则的优化和完善，切实提升保险资管监管的有效性，促进保险资管业健康持续发展。

第一节 保险资产管理法律监管的现状

一、保险资产管理监管的一般性法律

保险资产管理是保险资产管理机构接受投资者委托，对受托的投资者财产进行投资和管理的金融服务，包括从保险资金等投资者处受托保险资金、将受托资金委托给第三方托管机构以及运用受托资金进行投资等活动。

保险资产管理监管的一般性法律包括保障保险资产管理活动运

行的民商法基础法律及规范保险资产管理活动的部门监管法。一方面，保险资产管理业务的基础法律关系在学理上和实践中有"委托代理"或"信托"两种，分别适用于《民法典》（合同编）和《信托法》，这两部法律构成保险资产管理业务的民商法基础。另一方面，保险资产管理业务涉及保险资金投资及保险资产配置，其法律监管自然受到《公司法》《合伙企业法》《证券法》《银行监管法》等金融领域监管法律的规制，这些法律也是保险监管部门制定部门规章或规范性法律文件的依据。保险资产管理活动还因涉及受托人的违法犯罪而为《刑法》所规制，所涉罪名包括擅自设立金融机构罪、挪用资金罪、背信运用受托财产罪、违法运用资金罪等。

此外，《资管新规》也应被视为保险资管监管的一般性法律。《资管新规》尽管从法律效力上仅属于部门规章，但其作为中央全面深化改革委员会审议、多部门联合发布、适用于整个资产管理业务的法律文件，对保险资管业务活动的指导意义重大，尤其是《资管新规》发布后制定的一系列配套细则，更是与《资管新规》一同组成了规范我国资产管理业务及产品的"大资管"法律体系。

表4 保险资管监管的一般性法律

分类	法律名称	本文简称	调整行为举例
民商法基础	《中华人民共和国民法典》（合同编、物权编）	《民法典》	委托投资、资产托管、资产计划、不动产投资、股权投资
	《中华人民共和国信托法》	《信托法》	
监管法	《中华人民共和国公司法》	《公司法》	公司治理、股权投资
	《中华人民共和国合伙企业法》	《合伙企业法》	股权投资

续表

分类	法律名称	本文简称	调整行为举例
监管法	《中华人民共和国证券法》	《证券法》	股票投资
	《中华人民共和国银行业监督管理法》	《银行监管法》	保险资管产品托管
	《中华人民共和国刑法》	《刑法》	背信运用受托财产罪 违法运用资金罪
	《关于规范金融机构资产管理业务的指导意见》	《资管新规》	资管业务、保险资管产品

（一）保险资产管理的民商法基础

1. "委托"还是"信托"——保险资管业务的法律关系认定

"资金如水流，但无往不在合约与监管之中。"[1] 保险资产管理的民商法基础法律关系一直以来存在着"委托代理"与"信托"的争议。持"信托说"的观点认为，资管业务中诸如禁止刚性兑付、管理人信义义务、"卖者尽责、买者自负"、禁止资金池等重要原则均来源于《信托法》。但实践中，依据《信托法》开展资产管理业务的仅信托公司的信托业务及证券投资基金业务。这种法理与实践的背离致使资产管理行业与司法裁判中普遍依据委托合同关系来开展或界定资产管理业务，这也成为了资产管理业务"行信托之实，否信托之名，逃信托之法"的根源，因此终结资管行业乱象，要让资管业回归大信托格局，在私法层面明确《信托法》是资管关系的上位法。[2] 反对"信托说"的观点则认为，大资管并不存在单一的"上位

---

[1] 刘燕. 资产管理的"名"与"实"[J]. 金融法苑, 2018（8）: 17-22.
[2] 王涌. 让资产管理行业回归大信托的格局[J]. 清华金融评论, 2018（1）: 82-84.

法",而应当是"民商法基础+监管法"。资管市场多层嵌套、杠杆不清等乱象本质上源于商业银行信贷业务影子化所产生的监管套利动力,与资管业务是否逃避信托法无关,而且委托代理与信托均存在信赖因素,均受信义义务的约束,委托代理关系并不免除或减轻金融机构的法律责任。

在学界争辩之外,监管部门的态度则是既不否定资产管理业务的委托代理法律关系,也不明确资产管理业务适用于信托法律关系,更不介入学界对资管业务法律关系的争辩之中,而是基于资产管理业务的实践基础以及国家对资管市场调控的政策导向,推动资产管理业务从实践中普遍适用的委托代理关系向信托法律关系转变。实践中,委托代理关系和信托关系在保险资管业务中同时存在,具体法律关系的适用与委托投资的方式有关,即业内委托投资以委托代理关系为主,业外委托投资以信托关系为主。根据中国保险资产管理业协会发布的调研数据,2021年自主投资、委托关联方保险资产管理公司、委托非关联方保险资管公司以及通过业外管理人投资四类投资方式管理规模占比分别为23.47%、72.91%、0.76%、2.86%。其中,委托关联方和非关联方保险资产管理公司的业内委托投资方式所占规模达到70%,可见实践中委托代理关系占据主流。

虽然实践中委托代理关系占主流,但从长远来看,推动保险资管业务从委托代理关系向信托关系转变有助于促进资产管理行业的健康发展,这也是监管部门的政策取向。2018年《资管新规》的出台标志着我国金融机构资管业务正式进入协同监管的"大资管"时期。《资管新规》尽管将资管业务纳入统一监管框架之中,但却始终未直面资管业务的法律关系。从2017年2月的内审稿来看，《资管新规》援引的法律包括《商业银行法》《证券法》《信托法》《保险法》以及《证券投资基金法》等，而在征求意见稿与正式发布稿中均删除了这段内容。不过《资管新规》中"金融机构为委托人利益履行诚实信用、勤勉尽责义务"以及"向投资者传递卖者尽责、买者自负的理念"等表述实质上已表明资产管理业务的法律关系为信托关系（忠实义务）。

《资管新规》尽管拥有极高的审议规格，但其法律效力仅属于部门规章，无权确认大资管业务的信托法律关系，难以将整个资管行业统摄于功能监管目标之下，而《信托法》亦无法支撑起整个资产管理业务交易结构与规则运作的功能。因此有学者将我国资产管理业务的法律框架界定为包括《民法典》《信托法》在内的民商法与包括《证券法》《投资基金法》等监管法共同组成的复杂但有机分工的体系。[①] 在这一法律框架下，民商法基础提供了单个资管产品的合同架构与交易规则，而监管法则针对资产管理业务的系统性风险隐患，更加关注资产市场的稳健运作以及金融消费者保护的问题。

2. 委托投资行为的实践基础与法律规制

实践中保险资管业内委托投资普遍构成委托代理关系，业外委托投资普遍构成信托关系，这一区别从法律渊源亦可看出。规范业内委托投资行为的《保险资金委托投资管理暂行办法》所依据的上位法包括《保险法》与《合同法》（而今的《民法典》合同编），并

---

① 刘燕.大资管"上位法"之究问[J].清华金融评论，2018（4）：25-28.

未包括《信托法》，实际业务开展中保险公司与保险资产管理公司签订《委托投资合同》，适用《民法典》合同编中关于委托合同的规定，而对于业外委托投资行为，保险公司作为委托人与受托人证券公司、基金管理公司之间签订《单一资产管理计划资产管理合同》，此类合同依据的是《证券期货经营机构私募资产管理业务管理办法》和《证券投资基金法》，而《证券投资基金法》是《信托法》的特别法。[①]

《民法典》实施之前，《合同法》一直作为保险资管产品的委托与交易的重要法律关系基础。不过明确引用《合同法》的保险资管法律文件只有原保监会2006年发布的《保险资金间接投资基础设施项目试点管理办法》(《试点办法》)和2012年发布的《保险资金委托投资管理暂行办法》(《委托投资办法》)。从这两个文件中可以看出监管部门对保险资管基础法律关系，尤其是对委托投资行为法律关系的认识。

《试点办法》是对投资者将其保险资金委托给保险资管机构，保险资管机构作为受托人以自己的名义设立基础设施项目投资计划这类资管业务的规范。投资计划包括四类合同，即委托人与受托人签订的"受托合同"、委托人与托管人签订的"托管合同"、受托人与项目方签订的"投资合同"以及受益人与独立监督人签订的"监督合同"。上述四类合同法律关系以《合同法》为基础，但同样可以适用于《信托法》，如《试点办法》中要求受托人"恪尽职守，履行诚实、信用、谨慎、勤勉的义务"正是《信托法》中受托人信义义务（勤

[①]《证券投资基金法》第二条规定："……本法未规定的，适用《中华人民共和国信托法》、《中华人民共和国证券法》和其他有关法律、行政法规的规定。"

勉义务和忠实义务）之体现。但对于委托人义务，《试点办法》中的要求是"审慎投资，防范风险"，而非信托法律关系中自担投资风险的"买者自负"原则，亦即监管部门基于实践基础与信托法不健全的现状，并不希望通过打破刚性兑付遏制保险资管行业的创新，因此同时援引这两类法律作为投资计划开展的依据，而并未加以明确区分。

《委托投资办法》的制定是为规范保险资金委托投资行为，制定依据中仅援引了《合同法》，并未体现《信托法》，这表明监管部门将保险资金委托投资行为认定为委托代理关系，适用当时的《合同法》或如今的《民法典》合同编。实践中保险资金委托投资以业内委托为主，尤其是委托给关联方的保险资管公司，这一比重在全部委托投资业务中占70%，因此将委托投资认定为委托代理关系并无不妥。然而这并不意味着监管部门对这一法律关系的认可，在《委托投资办法》实施后，《关于暂不允许委托证券公司管理运用资产的通知》（2000）同时废止，该通知曾规定保险公司不得委托证券公司管理资产，其理由是"我国尚未出台信托法及证券公司资产管理业务管理办法，对受托资产的投资管理缺少必要的监督机制，风险难以控制"。该通知的废止解除了对保险资金委托证券公司管理的限制，但2012年发布的《委托投资办法》中仍未援引《信托法》，这间接表明了《信托法》仍然存在不完善之处。事实上，《信托法》自2001年发布以来迄今20余年未作修订，已远远滞后于我国金融资产管理行业的发展。《信托法》虽然对受托人的义务有明确规定，但对受托人的监督机制存在缺失，而且信托监督人、受益人代理人等制度不完善，无法确保受托人忠实履行信托义务，这与上述通知中提到的"对受托资产的投资管理缺少必要的监督机制"是一致的,故成为信托法律关系未在保险资管业务中广泛适用的原因之一。

3.《民法典》实施对保险资产管理的影响

《民法典》作为调整和规范民事法律关系的法律集成,与保险资管行业密切相关,是保险资金投资、保险资金委托等行为的依据。保险资产管理业务需适应《民法典》实施后相对于《合同法》《物权法》《担保法》等原先单行法律在内容上的调整,尤其是保险资管业务开展过程中的担保行为。

一是保证方式变化对增信措施性质认定的影响。在资管业务中,劣后级回购优先级份额的承诺属于增信措施。司法实践将增信措施定性为保证合同和非典型担保。[①]原《担保法》第19条对保证方式没有约定或约定不明的,按照连带责任保证承担保证责任,而《民法典》第686条将"默示连带保证"改为"默示一般保证"。对于资管业务而言,《九民纪要》第91条肯定了增信措施构成保证合同关系[②],《民法典》担保制度司法解释对于增信措施的性质认定进一步细化及完善,明确了差额补足等增信措施法律性质的判断标准。因此,保险资金运用签署保证合同时应对保证人履行债务或者承担责任的情形作出约定,最可能还原交易双方的真实意思表示,否则如

---

① 沈伟,李术平.迈向统一监管的资管新规:逻辑、工具和边界[J].财经法学,2019(9):81-108.

② 最高人民法院2019年11月颁布的《全国法院民商事审判工作会议纪要》(《九民纪要》)第91条提出:"信托合同之外的当事人提供第三方差额补足、代为履行到期回购义务、流动性支持等类似承诺文件作为增信措施,其内容符合法律关于保证的规定的,人民法院应当认定当事人之间成立保证合同关系……"

果在文件中未写明保证方式，则存在按《民法典》被视为一般保证的可能。①

二是非典型担保纳入担保范畴对保险资金投资的影响。非典型担保是为规避法律法规、监管规定以及公司章程对担保的特殊要求而产生的。《九民纪要》基于发挥担保缓解融资难、融资贵问题的积极作用而强调"不轻易否定新类型担保、非典型担保的合同效力及担保功能"，并对让与担保进行了规范。《民法典》延续了《九民纪要》的态度，在保留典型担保的基础上，通过扩大担保合同范围，将非典型担保方式纳入其中，赋予非典型担保与典型担保同等法律地位。用非典型担保来规避担保法律法规、监管规定以及公司章程对担保的特殊要求，可能不再行得通。②保险资管机构在《民法典》实施后开展保险资金投资需要严格遵守关于担保的监管规定及公司章程等内部程序要求。

三是抵押财产规定变化对保险资金运用的影响。原《物权法》第191条明确规定抵押人抵押期间转移抵押财产应当经抵押权人同意，《民法典》第406条拓宽了抵押人对抵押财产进行处分的情形，将抵押人转让抵押财产视为原则，将当事人另行约定视为例外。由于保险资管业务中存在大量抵押担保，保险资管机构在涉及抵押担保的应注意在合同中明确"未经债权人同意，不得转让抵押财产"。

四是保证责任触发机制扩大对保险资金投资的影响。原《担保

---

① 中国保险学会课题组.《民法典》实施给保险行业带来的机遇与挑战[J].保险理论与实践，2021（4）：127-158.
② 同上。

法》第6条对保证的定义中规定，债务人不履行债务时触发保证合同中保证人按照约定履行债务或承担责任的机制。《民法典》第681条则在债务人不履行到期债务的基础上增加发生当事人约定的情形，即增加了保证人承担保证责任的触发机制，有利于保障投资人的利益。

4.《信托法》与保险资管监管

信托的运行主要取决于受托人，信托制度的核心是受托人，信托法的完善即受托人制度的完善。受托人的主要义务为信义义务，也称受信义务，包括忠实义务和勤勉义务两部分。如表5所示，信义义务在我国金融相关法律中体现为《信托法》中受托人对受益人的信义义务，《公司法》中董事、监事、高级管理人员对公司的信义义务，《证券法》中保荐人、债券受托管理人、证券公司、证券公司董监高、会计师事务所、律师事务所等证券服务机构的信义义务以及《证券投资基金法》中基金管理人、基金托管人、基金服务机构对受益人的信义义务。

表5 信义义务在法律中的体现

法律名称	条款示例
《信托法》	第25条规定受托人管理信托财产应当恪尽职守，履行诚实、信用、谨慎、有效管理的义务 第26条~第33条是对受托人忠实义务的具体化
《公司法》	第147条明确公司董、监、高对公司负有忠实义务和勤勉义务
《证券法》	信义义务主体包括保荐人（第10条）、债券受托管理人（第92条）、证券公司（第130条）、证券公司的董事、监事、高级管理人员（第140条）、会计师事务所、律师事务所等证券服务机构（第160条）
《证券投资基金法》	第9条规定基金管理人、基金托管人以及基金服务机构在管理基金财产和从事基金服务活动时应当恪尽职守，履行诚实信用、谨慎勤勉的义务

资产管理本质上是一种信托法律关系，理应适用于我国的《信托法》。但在监管实践中，仅信托公司的资产管理业务适用《信托法》，保险、银行等其他金融机构的资产管理业务适用《民法典》合同编中的"委托合同"规定。委托关系相较于信托关系，资产管理人在法律上的信义义务不明确、管理人义务标准较低、对金融消费者的保护较为薄弱。[①] 尽管《资管新规》和《九民纪要》均倾向于将资产管理行为定性为信托法律关系，但囿于《资管新规》的部门规章位阶以及《九民纪要》的软约束力，目前司法实践对于资管业务法律关系的认定仍存在分歧，认定委托关系的案例居多[②]，这与保险资产管理业务一致。实践中，保险资管领域的基础法律关系同样以委托代理关系为主，适用信托关系的业务较少。保险资产管理乃至整个金融资产管理受信托法律关系调整的范围并不广，这与《信托法》的内在缺陷有关，后文将详细论述。

（二）保险资产管理的监管法

保险资产管理的监管法包括《公司法》《合伙企业法》《证券法》《银行监管法》《刑法》《资管新规》等法律法规[③]，保险公司及保险资管公司开展保险资产管理业务受到这些监管法律法规的调整。

[①] 王涌.让资产管理行业回归大信托的格局[J].清华金融评论，2018（1）：82-84.
[②] 许璟剑.新监管背景下资管法律关系性质的实证分析[J].法制博览，2021（8）：92-94.
[③] 本节主要论述保险资产管理监管的一般性法律，《保险法》作为专门法在针对性法律中探讨。

1. 保险资产管理监管法律

《公司法》主要规制保险公司及保险资管公司的经营主体、公司治理结构、控股股东、股权投资、股权交易等内容。《保险公司管理规定》《保险资产管理公司管理暂行规定》《保险资金投资股权暂行办法》《保险公司控股股东管理办法》《保险公司股权管理办法》等部门规章均依据《公司法》制定，相关条款均不能违背《公司法》的基本规定。《合伙企业法》则主要规制保险公司及保险资产管理公司的投资合伙型股权及基金等行为。

《证券法》主要规制保险公司及保险资管公司的股票投资行为，一般股票投资、重大股票投资和上市公司收购行为均需遵守《证券法》的有关规定，接受证监会对其市场交易行为的监管，以及违反规定后接受证监会对其依法给予的处罚。保险资管机构作为受托人委托证券公司发行、交易资管产品同样需要遵守《证券法》的相关规定。2019年《证券法》修订将资管产品正式纳入证券监管的范围[①]，夯实了资管产品在证券领域的法律基础，标志着资管产品在上位法层面的突破。

《银行监管法》主要规制商业银行或其他金融机构接受保险机构委托托管保险资产或资管产品的行为。根据中国银行业协会印发的《商业银行资产托管业务指引》(2019)，保险资管产品及保险资产均属于商业银行托管业务范围，托管业务服务内容包括资产保管服务、账户服务、会计核算（估值）服务、资金清算服务、交易结算服务、

[①]《证券法》第2条第3款规定："资产支持证券、资产管理产品发行、交易的管理办法，由国务院依照本法的原则规定。"

投资监督服务、信息披露服务、公司行动服务。保险资金托管有助于保障资金的安全完整，增加管理透明度，强化金融行业互动，提高投资运作效率。

《刑法》则主要规制与保险资产管理有关的犯罪行为，包括擅自设立金融机构罪，伪造、变造、转让金融机构经营许可证、批准文件罪，利用未公开信息交易罪，职务侵占罪，贪污罪，挪用资金罪，挪用公款罪，背信运用受托财产罪以及违法运用资金罪。

2.《资管新规》与保险资管监管

（1）《资管新规》的规制内容

《资管新规》及其配套细则主要规制资产管理业务及资产管理产品，其主要目的是整治资管行业乱象。近年来的资管行业乱象集中表现在刚性兑付、资金池、期限错配及多层嵌套四个方面——刚性兑付扭曲了风险收益匹配基本原则，部分金融机构未充分计量资本占用；资金池运作模式单个客户理财资金与单个产品资产无法实现一一对应，加剧了产品之间互相传染的风险；产品投向资产期限与产品期限不匹配加大了产品兑付风险；产品之间多层嵌套降低了底层资产信息的透明度。《资管新规》针对上述乱象制定不同监管措施进行规制（见表6）。资产管理业务的核心竞争力最终体现为风险主动管理能力，刚性兑付和同业无序竞争使得资管产品定价无法反映出金融机构真实管理能力和产品市场风险，《资管新规》有助于解决金融混业经营与分业监管之间的矛盾[1]，有助于弥合监管缝隙、

---

[1] 沈伟，李术平．迈向统一监管的资管新规：逻辑、工具和边界[J]．财经法学，2019（9）：81-108．

统一监管标准、解决监管套利难题，也为我国保险业的发展提供了机遇。

表 6 《资管新规》内容框架

资管乱象	监管措施	相关条款
刚性兑付	打破刚性兑付	第 18 条：刚性兑付认定与举报惩处
	加强投资者教育	第 6 条：加强投资者教育
	信息披露、净值化管理	第 12、14 条：净值化管理
通道业务	去通道	第 22 条：禁止通道服务
资金池业务	资管业务独立	第 13 条：公司治理与风险隔离
	资管产品账户独立	第 15 条：三单制管理
	禁止期限错配	第 15 条：期限错配管理、久期管理
	第三方托管	第 14 条：第三方托管
多层嵌套	限制多层嵌套	第 22 条：仅限一层
	穿透式监管	第 27 条：实行穿透式监管
杠杆不清	限制杠杆	第 19、20 条：设置杠杆上限
	信息披露	第 12 条：披露资管产品信息

（2）《资管新规》的法律效力问题

《资管新规》虽经中央全面深化改革委员会审议通过，并由"一行两会一局"联合颁发，对资产管理行业具有重要的指导意义，但其法律效力仅属于部门规章，对资产管理业务的约束力主要表现在行政处罚措施与司法裁判遵循上。从司法裁判角度，《资管新规》最大的问题在于资产管理业务违反刚性兑付等禁令的"抽屉"协议效力之认定。《资管新规》作为部门规章，其对"抽屉"协议之规制并不属于《民法典》第 153 条所规定的无效情形。因此，许多学者都在《资管新规》出台后表达了对《资管新规》法律约束力的担忧，而《资管新规》的约束力决定了其行业规范效果。

《九民纪要》统一了司法裁判的尺度，即针对"多层嵌套、通道业务、回购承诺等融资活动，要以其实际构成的法律关系确定其效力，并在此基础上依法确定各方的权利义务"。《九民纪要》明确了刚性兑付条款的效力，一是认定刚性兑付条款无效，二是认定约定刚性兑付的"抽屉协议"无效，三是明确了受托人责任的边界，即承担与其过错相适应的赔偿责任。[1]《九民纪要》对统一司法裁判尺度，规范法官自由裁量权具有重要意义，确保了《资管新规》对规范资产管理业务的法律约束力。

（3）"大资管"法律体系初步构建并日臻完善

尽管《资管新规》出台可以借由行政处罚措施及司法裁判手段约束刚性兑付等不规范资产管理行为，一定程度上达到整顿资产管理乱象之目的，但其出台是基于对防范化解系统性金融风险的政策背景，其意义和价值并非局限于对违规资产管理行为的规制，而是对银行保险、信托、证券、基金、期货等监管体系建构起统一的标准，借此补齐资管业务的制度短板，因此《资管新规》划定了过渡期，并要求各监管部门研究制定相互衔接的配套细则。

---

[1]《九民纪要》第92条［保底或者刚兑条款无效］规定："信托公司、商业银行等金融机构作为资产管理产品的受托人与受益人订立的含有保证本息固定回报、保证本金不受损失等保底或者刚兑条款的合同，人民法院应当认定该条款无效。受益人请求受托人对其损失承担与其过错相适应的赔偿责任的，人民法院依法予以支持。实践中，保底或者刚兑条款通常不在资产管理产品合同中明确约定，而是以'抽屉协议'或者其他方式约定，不管形式如何，均应认定无效。"

《资管新规》配套监管细则在过渡期及过渡期满一年内陆续制定发布（见表7）。银行理财方面，银保监会出台《商业银行理财业务监督管理办法》和《商业银行理财子公司管理办法》等细则，引导理财业务回归本源，完善以银行理财子公司为核心的监管架构，加强准入、净资本管理、产品销售等环节的管理。信托监管方面，银保监会信托监管部下发《关于加强规范资产管理业务过渡期内信托监管工作的通知》，加强过渡期内信托监管工作，信托行业的产品定位更加清晰，监管得到加强。基金方面，六部门联合发布的《关于进一步明确规范金融机构资产管理产品投资创业投资基金和政府出资产业投资基金有关事项的通知》对《资管新规》中提及的创业投资基金、政府出资产业投资基金两类基金的运作进行了规范。公募基金方面，《关于做好公开募集证券投资基金投资顾问业务试点工作的通知》（2019）开启基金投顾试点，《公开募集证券投资基金侧袋机制指引（试行）》制定"侧袋机制"估值指引。证券方面，证监会出台《证券期货经营机构私募资产管理业务管理办法》《证券期货经营机构私募资产管理计划运作管理规定》，规范私募资管业务的投资运作，强化流动性管理要求。金融资产投资方面，银保监会发布《金融资产投资公司管理办法（试行）》，规范银行债转股业务行为，金融资产投资方面，银保监会发布《金融资产投资公司管理办法（试行）》（2018、2022版），规范银行债转股业务行为，明确了金融资产投资公司的资本监管要求、并表资本监管范围、资本管理要求等内容，制定依据岁尾援引《资管新规》，但仍可视为《资管新规》配套细则。保险资管方面出台了《保险资产管理产品管理暂行办法》及配套的债权投资计划、股权投资计划、组合类保险资产管理产品三个实施细则，构成保险资管产品监管的"1+3"体系，在投资范围、投资者、注册流程、业务管理模式方面实现重大突破。

《资管新规》及其配套细则的相继出台，以及《证券法》修订纳入了"资产管理产品"，标志着"大资管"法律体系的初步构建与日益完善。

表7 《资管新规》配套细则[①]

序号	监管领域	发布日期	配套细则
1	资管新规补充规定	2018.07.20	《关于进一步明确规范金融机构资产管理业务指导意见有关事项的通知》
2	银行理财	2018.09.26	《商业银行理财业务监督管理办法》
3		2018.12.02	《商业银行理财子公司管理办法》
4		2019.11.29	《商业银行理财子公司净资本管理办法（试行）》
5		2021.05.27	《关于规范现金管理类理财产品管理有关事项的通知》
6		2021.05.11	《理财公司理财产品销售管理暂行办法》
7		2021.12.10	《理财公司理财产品流动性风险管理办法》
8	信托监管	2018.08.17	《关于加强规范资产管理业务过渡期内信托监管工作的通知》
9	私募基金	2019.10.19	《关于进一步明确规范金融机构资产管理产品投资创业投资基金和政府出资产业投资基金有关事项的通知》

---

① 只展现制定依据中明确援引《资管新规》的法律文件。

续 表

10		2018.10.22	《证券期货经营机构私募资产管理业务管理办法》
11	证券私募	2018.10.22	《证券期货经营机构私募资产管理计划运作管理规定》
12		2018.11.28	《证券公司大集合资产管理业务适用〈关于规范金融机构资产管理业务的指导意见〉操作指引》
13	金融资产投资	2018.06.29	《金融资产投资公司管理办法（试行）》
14		2020.04.16	《关于金融资产投资公司开展资产管理业务有关事项的通知》
15	保险资管	2020.03.18	《保险资产管理产品管理暂行办法》
16		2020.09.07	《关于印发组合类保险资产管理产品实施细则等三个文件的通知》（附：《债权投资计划实施细则》《股权投资计划实施细则》）

（4）《资管新规》的实施效果

《资管新规》中打破刚性兑付、禁止资金池业务、限制多层嵌套、穿透式监管等措施有助于降低资产管理行业风险。资管行业的发展始于商业银行理财业务，以银行理财产品为例，作为代表性的刚兑资管产品，《资管新规》实施后，银行理财产品的刚兑预期逐步被动摇，截至2021年年底，保本理财产品规模已从《资管新规》发布时的4万亿元实现清零；净值型产品存续余额较《资管新规》发布前增加23.89万亿元，非净值型产品余额大幅减少了16.39万亿元；同业理财较《资管新规》发布前下降97.52%，复杂嵌套、资金池运作等高风险业务得到整治清理。①

---

① 中国银行业理财市场年度报告（2021年）.

二、保险资产管理监管的针对性法律

保险资产管理监管的针对性法律是以全国人大颁布的《保险法》、国务院颁发的保险资产管理相关行政法规及《保险资金运用管理办法》等监管部门颁发的保险资产管理相关部门规章及规范性法律文件所组成的法律体系。在监管内容上，我国保险业监管法律体系主要包括公司治理、资金运用、偿付能力、保险产品管理、保险中介市场、保险消费者权益保护、高管人员管理及新业态八个方面的监管制度，其中资产端监管法律体系主要包括保险公司治理监管、保险资金运用监管、偿付能力监管三大支柱，这也是国际保险监督官协会确立的监管框架体系。

（一）公司治理监管制度

保险公司治理监管体系的规制对象涵盖了保险公司、保险资管公司及保险集团，规制内容涵盖了公司治理结构、公司高级人员管理、公司合规管理、内部控制、关联交易及信息披露等各方面。其中公司治理结构的规制包括股东大会、董事会、监事会、高级管理层等公司治理主体。

2004年原保监会发布的《保险资产管理公司管理暂行规定》拉开了我国保险资产管理集中化、专业化、市场化发展的序幕，标志着保险公司承保业务与投资业务的分离。该规定对保险资管公司的设立、变更、终止程序，经营范围和经营规则以及风险控制和监督管理作了规定，取消了对保险资金设立证券经营机构和保险业外企业的限制，为保险资产管理机构的扩张留下了法律空间。2005年1月，《保险资产管理公司管理暂行规定》实施后的第一家保险资产管理公司—华泰资产管理有限公司—发起设立，次年华泰增值投资产品作为国内首只保险资管产品试点发行。2011年发布的《关于调整〈保险资产管理公司管理暂行规定〉有关规定的通知》对保险资管公司受托管理的资金来源予以松绑，保险资管机构受托资金的范围和规模逐步扩大，促使保险资管机构成为保险资管业务及产品的绝对经营主体。在保险资管市场迅速壮大的同时，保险公司治理方面的问题日渐突出，监管部门出台了一系列规章制度加以规范。

一是扩大保险资管市场主体监管范围。保险资管市场主体监管范围从最初的保险公司（2000年）和外资保险公司（2002年）到保险资产管理公司（2004年），再到保险集团公司（2010年），纳入监管范围的保险资管市场主体不断增加。监管部门通过对保险公司投资行为及偿付能力的监管，强化保险机构监管制度框架，保障保险资管市场的稳健运行。

二是健全公司治理结构。针对保险公司治理结构，2006年原保监会发布《关于规范保险公司治理结构的指导意见（试行）》，从主要股东义务、董事会建设、监事会作用、管理层运作、关联交易和信息披露管理以及治理结构监管等方面提出规范意见。2021年6月，银保监会发布了《银行保险机构公司治理准则》，提出良好公司治理应包括清晰的股权结构、健全的组织架构、有效的风险管理与内部控制等十个方面的内容，要求银行保险机构健全公司治理架构，完善风险管控、制衡监督及激励约束机制，强调国有银行保险机构的公司治理应当更加符合中国之治，要将党的领导融入公司治理并且落实党组织在公司治理结构中的法定地位。

三是强化股权管理与股东义务监管。股权管理是公司治理的基础，股权结构和股东行为深刻影响着公司治理成效。近年来股东虚假出资、循环注资、违规代持、不当干预公司治理以及隐形股东、向股东输送利益等问题屡禁不止，股东违法违规行为缺乏有力震慑和有效规范。原保监会早在2012年发布的《保险公司控股股东管理办法》即明确了保险公司控股股东的义务，要求控股股东不得利用关联交易、利润分配、资产重组、对外投资等方式损害公司合法权益。2018年修订的《保险公司股权管理办法》强调按照实质重于形式的原则对保险公司股权实施穿透式监管和分类监管。该办法对入股资金的来源和出资方式也作出了更加严格的规定，明令禁止重复出资、循环出资等违规注资行为。2021年发布的《银行保险机构大股东行为监管办法（试行）》同样按照实质重于形式的原则对保险机构大股东隐藏实际控制人、隐瞒关联关系、股权代持、私下协议等违法违规行为实行穿透监管和审查，并对大股东的持股行为进行规范，明确保险机构大股东不得以非自有资金入股。同年修订的《保险集团公司监督管理办法》对保险集团公司的监管提出了新要求，强调按照实质重于形式的原则对保险集团公司实行穿透式监管，明确保险集团公司开展重大股权投资应当使用自有资金，此外还要求保险集团公司应对全集团的股权投资进行统筹管理，防止保险资本无序扩张。

四是加强董事会建设，促进独立董事职能发挥。董事会是公司的决策机构，在公司战略决策中拥有核心地位，被认为是公司良好治理的关键。原保监会早在2008年即发布了《保险公司董事会运作指引》，引导保险机构规范董事会运作，提高董事会决策水平，完善公司治理结构。经过10多年的发展，我国保险机构董事会治理不断优化，董事会委员会运作逐步规范，董事专业化、国际化程度不断提升。

独立董事在董事会中行使决策和监督职能，独立董事占比及其独立性是发挥独立董事职能、实现保险公司良好治理的关键，有助于优化董事会结构，减少内部人控制。2007年发布的《保险公司独立董事管理暂行办法》对保险公司董事会中独立董事的比例提出要求，要求总资产50亿元以上的保险公司董事会中，独立董事占比需达到1/3以上，而2018年6月出台的《保险机构独立董事管理办法》则对独立董事的比例提出了更高的要求，要求保险机构董事会独立董事人数至少为3名，并且不低于董事会成员总数的1/3，存在持股比例超过50%的控股股东的保险机构，其独立董事占董事会成员占比须达到1/2以上。在独立董事独立性方面，《保险机构独立董事管理办法》（2018）对独立董事的独立性提出了要求，明确了五种不得担任保险机构独立董事的情形，并规定了独立董事独立性丧失后的退出机制。

五是强化董监高人员管理。从仅针对高管人员的任职，到针对董事及高管人员的任职，再到针对董事、监事和高级管理人员的任职[1]，我国保险机构公司治理主体监管制度不断发展完善。现行《保险公司董事、监事和高级管理人员任职资格管理规定》（2021）规定保险公司、保险资管公司等保险机构的董监高人员任职资格实行统一监督管理，其中高管人员包括总公司董事会秘书、总精算师、合规负责人、财务负责人和审计责任人，基于岗位职责的重要性，监管部门对保险公司总精算师和财务负责人提出了更加具体的要求，《保险公司财务负责人任职资格管理规定》（2010）中要求保险公司及保险资管公司设立财务负责人职位，财务负责人的任命需由监管部门核准，未经核准不得以任何形式任命；《保险公司总精算师管理办法》（2010）要求保险公司设立总精算师职位，负责开展保险资管业务相关的资产负债配置管理、决定投资方案以及拟定资产配置指引等工作。

六是健全风险管理与内控合规机制，强化关键岗位职责。风险管理方面，《银行保险机构公司治理准则》明确保险机构应当设立首席风险官或指定一名高级管理人员担任风险责任人。2013年发布的《关于保险机构投资风险责任人有关事项的通知》对保险机构投资风险责任人的资质条件、权利义务和风险责任予以明确。[2]合规方面，原保监会先后于2007年、2016年发布了《保险公司合规管理指引》

---

[1] 从2002年《保险公司高级管理人员任职资格管理规定》，到2006年《保险公司董事和高级管理人员任职资格管理规定》，再到2010年《保险公司董事、监事和高级管理人员任职资格管理规定》。

[2]《关于保险机构投资风险责任人有关事项的通知》规定："保险机构开展直接股票投资、股权投资、不动产投资、无担保债券投资、基础设施投资计划创新、不动产投资计划创新和运用衍生品等业务，应当具备相应的投资能力并配备至少2名符合条件的风险责任人。"

与《保险公司合规管理办法》，其中《保险公司合规管理办法》要求保险公司设立由保险公司高管担任的合规负责人，合规负责人应保证履职的独立性，不得兼管与合规管理存在职责冲突的部门。内控方面，原保监会先后于2010年、2015年发布了《保险公司内部控制基本准则》与《保险资金运用内部控制指引》。其中《保险公司内部控制基本准则》将保险资金运用控制确定为内控重点领域，明确了保险资金运用控制包括资产战略配置、资产负债匹配、投资决策管理、投资交易管理和资产托管等活动，并对各类内控活动提出了具体要求。

表8 保险公司治理监管法律体系

序号	监管内容	发布日期	文件名称	时效
1	保险公司	2015.10.19	《保险公司管理规定》（2015修订）	有效
2	保险资管公司	2004.04.21	《保险资产管理公司管理暂行规定》	有效
3		2011.04.07	关于调整《保险资产管理公司管理暂行规定》有关规定的通知（2011）	有效
4		2012.10.12	关于保险资产管理公司有关事项的通知	有效
5	保险集团监督	2010.03.12	《保险集团公司管理办法（试行）》	失效
6		2021.11.24	《保险集团公司监督管理办法》	有效
7	外资保险公司	2021.03.10	《外资保险公司管理条例实施细则》（2021修正）	有效
8	公司治理结构	2006.01.05	《关于印发〈关于规范保险公司治理结构的指导意见（试行）〉的通知》	失效
9		2021.06.02	《银行保险机构公司治理准则》	有效
10	股权股东监管	2012.07.25	《保险公司控股股东管理办法》	有效
11		2018.03.02	《保险公司股权管理办法》（2018）	有效
12		2021.09.30	《银行保险机构大股东行为监管办法（试行）》	有效

续 表

序号	监管内容	发布日期	文件名称	时效
13	董事会运作	2008.07.08	《保险公司董事会运作指引》	有效
14	独立董事管理	2007.04.06	《保险公司独立董事管理暂行办法》	失效
15		2018.06.30	《保险机构独立董事管理办法》	有效
17	信息披露监管	2018.04.28	《保险公司信息披露管理办法》（2018）	有效
18	风险管理	2014.02.19	《保险公司声誉风险管理指引》	失效
19		2021.02.08	《银行保险机构声誉风险管理办法（试行）》	有效
20	合规管理	2007.09.07	《保险公司合规管理指引》	失效
21		2016.12.30	《保险公司合规管理办法》	有效
22	内部控制	2010.08.10	《保险公司内部控制基本准则》	有效
23		2015.12.07	《关于印发〈保险资金运用内部控制指引〉及应用指引的通知》	有效
24	高管人员管理	2010.12.03	《保险公司财务负责人任职资格管理规定》（2010年修正）	有效
25		2010.12.03	《保险公司总精算师管理办法》（2010年修正）	有效
26		2013.04.09	关于保险机构投资风险责任人有关事项的通知	有效
27		2021.06.03	《保险公司董事、监事和高级管理人员任职资格管理规定》（2021）	有效

（二）保险资金运用监管制度

在保险资产管理法律监管体系中，对保险资金运用的监管无疑是监管部门最重视的，监管部门出台了大量针对保险资金运用的规范性文件。对保险资金运用监管的规制主要表现在保险资金投资监管（含资产配置）、保险资管产品监管（含资产支持计划）和保险资产托管监管三个方面。

1. 保险资金投资监管制度

我国保险资金投资监管法律体系包括保险资金投资形式（投资范围、领域、品种、比例），投资模式（委托投资、托管），投资流向（引导保险资金投向服务国家战略、支持实体经济），决策运行机制（公司治理结构、资金运用流程），信息披露，风险管控和监督管理等方面的规范，纲领性文件即2010年发布的《保险资金运用管理暂行办法》及2018年修订后的《保险资金运用管理办法》。伴随着保险资金运用的市场化改革进程，保险资金投资范围越来越大、投资领域越来越广、投资品种越来越丰富、投资比例逐步提高，对保险资金投资的规制呈现出从"事前监管"向"事中事后监管"转变的趋势。

根据《保险资金运用管理办法》及现行有效的保险资金运用相关部门规章和规范性文件，可以发现保险资金运用形式除了银行存款、债券、股票、股权、不动产外，还涵盖了基金、金融产品、金融衍生品以及专门单列的保险资管产品。银保监会数据显示，截至2021年年底，保险资金运用余额达23.23万亿元，其中银行存款26179亿元，占比11.27%；债券90683亿元，占比39.04%；股票和证券投资基金29505亿元，占比12.70%。

根据《2021中国保险资产管理业发展报告》，截至2020年年末，从行业全口径的配置结构来看，债券规模以8.02万亿元居首，占比37.44%；金融产品规模以3.82万亿元排其次，占比17.85%；第三名为银行存款和存单，规模为3.22亿元，占比15.02%；股票1.77万亿元，占比8.27%；组合类保险资管产品1.06万亿元，占比

4.93%；公募基金 0.87 万亿元，占比 4.07%；股权投资 0.72 万亿元，占比 3.34%。可见保险资管行业资产配置以固定收益类资产为主，规模占比超过 70%（见图 1）。

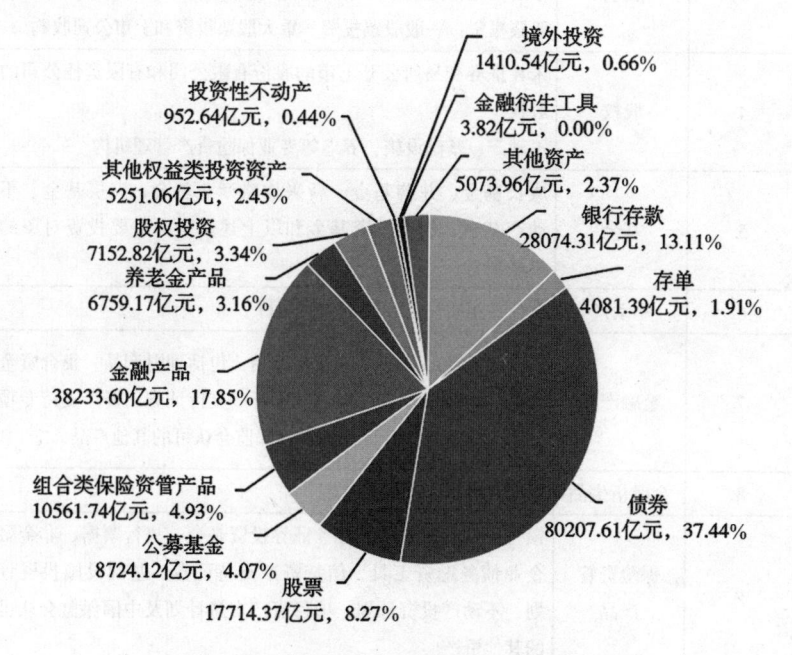

图 1　2020 年保险资产管理业资产配置结构

饼图数据：
- 境外投资 1410.54 亿元，0.66%
- 投资性不动产 952.64 亿元，0.44%
- 金融衍生工具 3.82 亿元，0.00%
- 其他权益类投资资产 5251.06 亿元，2.45%
- 其他资产 5073.96 亿元，2.37%
- 股权投资 7152.82 亿元，3.34%
- 银行存款 28074.31 亿元，13.11%
- 养老金产品 6759.17 亿元，3.16%
- 存单 4081.39 亿元，1.91%
- 金融产品 38233.60 亿元，17.85%
- 组合类保险资管产品 10561.74 亿元，4.93%
- 公募基金 8724.12 亿元，4.07%
- 股票 17714.37 亿元，8.27%
- 债券 80207.61 亿元，37.44%

表 9　保险资金运用形式及投资范围

序号	运用形式	投资范围
1	银行存款	
2	债券	政府债券（含财政部代理发行、代办兑付的地方政府债券） 金融债券（含银行发行的二级资本债券和无固定期限资本债券） 企业（公司）债券（含可转换公司债券、境内市场发行的中期票据等非金融企业债务融资工具，大型国有企业在香港市场发行的债券、可转换债券等无担保债券） 非金融企业债务融资工具以及符合规定的其他债券

续 表

序号	运用形式	投资范围
3	股票	公开发行并上市交易的股票（含创业板上市公司股票）和上市公司向特定对象非公开发行的股票 股票投资：一般股票投资、重大股票投资和上市公司收购
4	股权	未在证券交易所公开上市的股份有限公司和有限责任公司的股权 不动产、基础设施、养老等专业保险资产管理机构
5	基金	成长基金、并购基金、新兴战略产业基金、夹层基金、不动产基金、创业投资基金和以上述基金为主要投资对象的母基金
6	不动产	含公共租赁住房和廉租住房项目
7	金融产品	资产管理产品和资产证券化产品，包括理财产品、集合资金信托、债转股投资计划、信贷资产支持证券、资产支持专项计划、单一资产管理计划和银保监会认可的其他产品
8	金融衍生品	远期、期货、期权及掉期
9	保险资管产品	银行存款、股票、债券、证券投资基金、央行票据、非金融企业债务融资工具、信贷资产支持证券、基础设施投资计划、不动产投资计划、项目资产支持计划及中国保监会认可的其他资产

保险监管部门对保险资金投资监管的整体思路是通过开放投资渠道对流量进行调控，通过引导资金投资领域对最终流向进行调控，进而达到逐步壮大保险资管市场规模、科学调节保险资产市场结构的目的，促使保险资管市场逐步与整个资产管理市场及实体经济相融合。

在保险资金投资渠道上，我国保险资金的运用在经历了改革开放初期10余年的混乱失序状态后，监管部门将保险资金投资范围限定在了银行存款、政府债券、金融债券等稳健的固定收益类产品上。

在此基础上，随着我国经济发展与社会主义市场经济体制的逐步完善，监管机构逐步放开对保险资金投资形式、范围和比例的限制。这种逐步开放是从资产配置端对保险资金流向和流量的规范，整体趋势是从固定收益类产品等低风险渠道向权益类产品等高风险渠道开放，相应地保险资金投资风险随着保险投资范围的开放而逐步攀升。同时监管部门对保险资金投资的最终流向也加以引导和调控，积极引导保险资金流向服务国家战略、符合国家产业政策和宏观调控方向及支持实体经济的领域。

随着保险资管市场与保险资管行业的快速发展，保险资金投资的风险逐步累积并日益凸显。对保险资金投资风险的防控主要采用大类资产比例监管与分类监管相配合的方式，将保险投资资产按照投资性质划分为不同种类，针对不同种类的保险资产设定相应的投资比例限制，并适用不同的监管标准，如原保监会在《关于加强和改进保险资金运用比例监管的通知》（2014）中将保险投资资产划分为流动性资产、固定收益类资产、权益类资产、不动产类资产和其他金融资产等五大类，相应地设定大类资产监管比例、集中度风险监管比例、风险监测比例及内控比例进行管理。2018年《资管新规》的出台及保险资管产品"1+4"配套细则的发布，将保险资管产品划分为固定收益类产品、权益类产品、商品及金融衍生品类产品和混合类产品。

分类监管与比例监管的结合还体现在保险资产配置行为的规制上。为防范保险资产错配风险，《保险资产配置管理暂行办法》（2012）要求保险公司建立资产配置管理制度，提升资产配置管理能力；实行资产配置分账户管理，采用比例监管方式确定各类账户配置的资产。2015年原保监会发布的《关于加强保险公司资产配置审慎性监管有关事项的通知》中则将保险资产配置风险防范从资产错配风险扩大至资产流动性风险，更加强调投资管理能力的建设，对评估后认为发生流动性风险的，采用提高流动性资产比例、限制资金运用渠道或比例等比例监管措施予以规制。

无论是保险资金投资还是保险资产配置，大类资产的合理分类是运用各类监管方式的前提。大类资产实质上是将原先银行存款、债券、股票等投资形式按照"风险—收益"性质进行重新分类，划分为固定收益类、权益类、商品及金融衍生品类和混合类产品，以便于实行统一的资产管理产品监管，协同或综合运用分类监管、比例监管、偿付能力监管、穿透式监管和功能监管等监管方法实施管理。如2020年7月银保监会办公厅发布的《关于优化保险公司权益类资产配置监管有关事项的通知》中将分类监管、比例监管与偿付能力监管三种方式结合起来，针对保险公司不同的偿付能力水平设置不同的权益类资产配置比例。

由此可见，我国保险资金运用监管呈现出两大特点与趋势：一是保险资金投资渠道和范围不断扩大，保险资金投资形式不断增加，保险资管产品品种不断丰富，并且这一趋势还在持续，直至保险资管业务与资产管理业务彻底融合为止。二是我国保险资金运用监管逐步从传统的、单一的监管方式（分类监管与比例监管）发展为多种监管方式协同或综合运用的统合监管模式，其中偿付能力监管、穿透式监管和功能监管作为市场化改革阶段逐步运用的事中、事后监管手段,已逐步成为我国保险资管监管的主流方式。

表10　保险资金投资监管法律体系

序号	监管内容	发布日期	文件名称	时效
1		2010.07.30	《保险资金运用管理暂行办法》	失效
2	保险资金运用	2018.01.08	《关于加强保险资金运用管理 支持防范化解地方政府债务风险的指导意见》	有效
3		2018.01.24	《保险资金运用管理办法》	有效
4		2010.07.31	《关于调整保险资金投资政策有关问题的通知》	失效
5	比例监管	2014.01.23	《关于加强和改进保险资金运用比例监管的通知》	部分失效
6		2015.07.08	《关于提高保险资金投资蓝筹股票监管比例有关事项的通知》	失效
7	保障基金管理	2008.09.11	《保险保障基金管理办法》(2008)	有效
8	委托投资	2012.07.16	《关于印发〈保险资金委托投资管理暂行办法〉的通知》	失效
9		2022.05.09	《关于印发〈保险资金委托投资管理办法〉的通知》	有效
10	投资管理能力	2020.09.30	《关于优化保险机构投资管理能力监管有关事项的通知》	有效
11		2013.01.24	《关于加强和改进保险机构投资管理能力建设有关事项的通知》	失效
12		2012.07.16	《关于印发〈保险资产配置管理暂行办法〉的通知》	有效
13	资产配置管理	2015.12.03	《关于加强保险公司资产配置审慎性监管有关事项的通知》	失效
14		2020.07.17	《关于优化保险公司权益类资产配置监管有关事项的通知》	有效
15	资金风险管理	2006.10.31	《关于加强保险资金风险管理的意见》	有效
16	内控合规监管	2014.06.22	《关于印发〈保险资金运用内控与合规计分监管规则〉的通知》	有效

89

续 表

序号	监管内容	发布日期	文件名称	时效
17	关联交易监管	2022.01.10	《银行保险机构关联交易管理办法》	有效
18		2022.05.27	《关于加强保险机构资金运用关联交易监管工作的通知》	有效
19	信息披露	2014.05.19	《关于印发〈保险公司资金运用信息披露准则第1号：关联交易〉的通知》	有效
20		2015.04.10	《关于印发〈保险公司资金运用信息披露准则第2号：风险责任人〉的通知》	有效
21		2015.12.23	《关于印发〈保险公司资金运用信息披露准则第3号：举牌上市公司股票〉的通知》	有效
22		2016.05.04	《关于印发〈保险公司资金运用信息披露准则第4号：大额未上市股权和大额不动产投资〉的通知》	有效
23	次级定期债务	2018.02.13	《保险公司次级定期债务管理办法》（2018修正）	有效
24	股票投资	2004.10.24	《保险机构投资者股票投资管理暂行办法》	有效
25		2004.10.25	《关于保险机构投资者股票投资交易有关问题的通知》	有效
26		2005.06.15	《关于保险外汇资金投资境外股票有关问题的通知》	失效
27		2014.01.07	《关于保险资金投资创业板上市公司股票等有关问题的通知》	有效
28		2017.01.24	《关于进一步加强保险资金股票投资监管有关事项的通知》	有效
29	不动产投资	2010.07.31	《关于印发〈保险资金投资不动产暂行办法〉的通知》	有效
30	股权和不动产投资	2012.07.16	《关于保险资金投资股权和不动产有关问题的通知》	部分失效
31	股权投资	2010.07.31	《关于印发〈保险资金投资股权暂行办法〉的通知》	部分失效
32		2014.10.17	《关于保险资金投资优先股有关事项的通知》	有效
33		2020.11.12	《关于保险资金财务性股权投资有关事项的通知》	有效

续　表

序号	监管内容	发布日期	文件名称	时效
34	股指期货交易	2012.10.12	《关于印发〈保险资金参与股指期货交易规定〉的通知》	失效
35	债券投资	2003.05.30	《关于印发〈保险公司投资企业债券管理暂行办法〉的通知》	失效
36		2004.07.23	《关于保险公司投资可转换公司债券有关事项的通知》	失效
37		2005.08.17	《关于印发〈保险机构投资者债券投资管理暂行办法〉的通知》	失效
38		2009.03.19	《关于增加保险机构债券投资品种的通知》	失效
39		2012.07.16	《关于印发〈保险资金投资债券暂行办法〉的通知》	部分失效
40		2020.05.20	《关于保险资金投资银行资本补充债券有关事项的通知》	有效
41	债转股投资计划	2020.09.04	《关于保险资金投资债转股投资计划有关事项的通知》	失效
42	集合资金信托投资	2019.06.19	《关于保险资金投资集合资金信托有关事项的通知》	有效
43	金融产品投资	2012.10.12	《关于保险资金投资有关金融产品的通知》	失效
44		2012.10.12	《关于印发〈保险资金参与金融衍生产品交易暂行办法〉的通知》	失效
45		2020.06.23	《关于印发保险资金参与金融衍生产品交易办法等三个文件的通知》	有效
46		2022.04.24	《关于保险资金投资有关金融产品的通知》	有效
47	境外投资	2005.09.01	《关于印发〈保险外汇资金境外运用管理暂行办法实施细则〉的通知》	失效
48		2007.06.28	《保险资金境外投资管理暂行办法》	有效
49		2012.10.12	《关于印发〈保险资金境外投资管理暂行办法实施细则〉的通知》	部分失效
50		2019.12.16	《关于将澳门纳入保险资金境外可投资地区的通知》	有效

续 表

序号	监管内容	发布日期	文件名称	时效
51	基金投资	2014.12.12	《关于保险资金投资创业投资基金有关事项的通知》	有效
52		2015.09.10	《关于设立保险私募基金有关事项的通知》	有效
53	长租市场投资	2018.05.28	《关于保险资金参与长租市场有关事项的通知》	有效
54	服务国家战略	2014.03.06	《关于全面做好扶贫开发金融服务工作的指导意见》	有效
55		2014.03.25	《关于印发〈保险业服务新型城镇化发展的指导意见〉的通知》	失效
56		2015.09.24	《关于保险业支持重大工程建设有关事项的指导意见》	有效
57		2016.04.17	《关于支持钢铁煤炭行业化解过剩产能实现脱困发展的意见》	有效
58		2017.03.29	《关于金融支持制造强国建设的指导意见》	有效
59		2017.04.27	《关于保险业服务"一带一路"建设的指导意见》	有效
60		2022.06.01	《关于印发银行业保险业绿色金融指引的通知》	有效

2. 保险资管产品监管制度

保险资管产品投资品种分为债权投资计划、股权投资计划和组合类产品。债权投资计划是保险资管产品最初创设的形态。《保险资金间接投资基础设施项目试点管理办法》（2006）中将投资计划定义为以合同形式约定各自权利义务关系并明确投资内容的金融工具，规定投资计划可以采取债权、股权、物权及其他可行方式投资交通、通讯、能源等国家级重点基础设施项目，随后原保监会发布的《保险资金间接投资基础设施债权投资计划管理指引（试行）》明确了具体的操作流程。2009年原保监会发布的《关于保险资金投资基础设施债权投资计划的通知》明确保险机构可以投资保险资产管理公司、信托公司等专业管理机构发起设立的债权投资计划，并针对债权投资计划产品设立业务制定了《基础设施债权投资计划产品设立指引》。

表11　保险资管产品投资品种及范围

序号	投资品种	投资范围
1	债权投资计划	基础设施债权投资计划
		不动产债权投资计划
2	股权投资计划	未上市企业股权
		基金（私募基金范围包括成长基金、并购基金、新兴战略产业基金、夹层基金、不动产基金、创业投资基金和以上述基金为主要投资对象的母基金）
		上市公司定向增发、大宗交易、协议转让的股票
		可转换为普通股的优先股、可转换债券
		银保监会认可的其他资产
3	组合类产品	银行存款、大额存单、同业存单
		债券等标准化债权类资产
		上市或挂牌交易的股票
		公募证券投资基金
		保险资产管理产品
		资产支持计划和保险私募基金
		银保监会认可的其他资产

作为我国保险资管监管制度最先允许创设的产品品种，债权投资计划从一开始就指向了基础设施项目投资领域，这也与基础设施投资风险可控、符合国家发展规划有关。直到2013年《关于保险资产管理公司开展资产管理产品业务试点有关问题的通知》出台，保

险资管产品才从基础设施投资计划扩展到不动产投资计划、项目资产支持计划等投资品种，2016年则扩展至组合类保险资管产品，而整个保险资管产品体系及监管制度的形成，则是在2018年《资管新规》发布之后。《资管新规》发布后，银保监会于2020年发布了《保险资产管理产品管理暂行办法》及《组合类保险资产管理产品实施细则》《债权投资计划实施细则》和《股权投资计划实施细则》，保险资管"1+3"产品规则体系初步形成。"1+3"产品规则体系作为《资管新规》的衔接与具体化，形成各类保险资管产品统一的制度安排，并与其他金融机构资管业务的监管规则保持一致。

表12 保险资管产品监管法律体系

序号	监管内容	发布日期	文件名称	时效
1	基础设施债权投资计划	2006.03.14	《保险资金间接投资基础设施项目试点管理办法》	失效
2		2006.07.04	《保险资金间接投资基础设施债权投资计划管理指引（试行）》	失效
3		2009.03.19	《关于保险资金投资基础设施债权投资计划的通知》	失效
4		2009.03.19	《关于印发〈基础设施债权投资计划产品设立指引〉的通知》	失效
5		2012.10.12	《关于印发〈基础设施债权投资计划管理暂行规定〉的通知》	失效
6	资管产品试点	2013.02.04	《关于保险资产管理公司开展资产管理产品业务试点有关问题的通知》	失效
7	资产支持计划	2015.08.25	《关于印发〈资产支持计划业务管理暂行办法〉的通知》	有效

续表

序号	监管内容	发布日期	文件名称	时效
8	组合类资管产品业务监管	2016.06.13	《关于加强组合类保险资产管理产品业务监管的通知》	失效
9	金融资产管理业务	2018.04.27	《关于规范金融机构资产管理业务的指导意见》	有效
10	保险资管产品	2020.03.18	《保险资产管理产品管理暂行办法》	有效
11	保险资管产品及计划	2020.09.07	《关于印发组合类保险资产管理产品实施细则等三个文件的通知》（附：债权投资计划和股权投资计划实施细则）	有效

在保险资管产品中，保险资产支持计划是较为特殊的一类，是保险资管版的资产证券化业务。资产证券化作为一种新型融资工具，在加强资本流动性、改善资本结构、降低融资成本、分担信贷风险方面发挥着积极作用。2012年10月，原保监会发布《关于保险资金投资有关金融产品的通知》，将项目资产支持计划纳入保险资金投资范围，标志着项目资产支持计划的试点运行。我国资产证券化业务的快速发展发轫于2014年，保险资管版资产证券化业务则发端于2015年《资产支持计划业务管理暂行办法》。该办法在总结试点经验的基础上对资产支持计划业务的基础资产、交易结构、发行、登记和转让、运作管理、风险控制和信息披露予以规范，其中审核方式调整为"初次申报核准，同类产品事后报告"，2019年变更为"初次申报核准、后续产品注册"，2021年则从"注册制"调整为"登记制"，发行效率从最初的远远落后到如今已与其他领域资产证券化业务并驾齐驱。

表 13   保险资产支持计划监管制度

序号	发布日期	文件名称	主要内容	时效
1	2012.10.12	《关于保险资金投资有关金融产品的通知》	明确保险资金可以投资项目资产支持计划在内的金融产品	失效
2	2015.08.25	《关于印发〈资产支持计划业务管理暂行办法〉的通知》	规范资产支持计划业务的基础资产、交易结构、发行、登记和转让、运作管理、风险控制及信息披露 受托人发起设立支持计划,实行初次申报核准,同类产品事后报告	有效
3	2019.06.17	《关于资产支持计划注册有关事项的通知》	保险资产管理机构发起设立支持计划,实行初次申报核准、后续产品注册。后续发行支持计划,应当向中保登提交注册材料,由中保登办理注册工作	失效
4	2021.09.18	《关于资产支持计划和保险私募基金登记有关事项的通知》	将资产支持计划和保险私募基金由注册制改为登记制。实行初次申报核准、后续产品登记 提交资产支持计划登记材料之日起 5 个工作日内出具登记结果	有效

3. 保险资产托管监管制度

保险资产托管监管旨在保障保险公司管理资产的安全,维护保险公司的财务稳健,保障保险公司的偿付能力。对此,监管部门采用的做法是引入第三方托管机构,将资产所有权、管理权和监督权予以分离,提升保险投资运作的透明度和规范性,抑制保险资金运用的操作风险。《保险资金运用风险控制指引(试行)》(2004)首次提出保险公司应建立第三方托管机制,《关于开展保险资金托管工作的通知》(2005)则将保险资产托管作为强制性制度安排,保险资产托管业务自此正式起步,托管资产以股票资产为主,另外包括少量的债券和基金资产。2006年至2013年，原保监会陆续对保险资金境外投资和保险资金运用提出第三方托管要求，保险资产托管业务进入快速发展期，托管资产范围拓宽至股票、债券、基金、股权、不动产等资管产品。2014年《关于规范保险资产托管业务的通知》要求将保险资金运用形成的各项投资资产全部委托给第三方托管和监督，至此保险资金运用进入全托管阶段。保险资产托管业务随着保险资产托管政策的演进而不断发展，在2004—2021年这18年的发展历程中，参与保险资产托管的主体不断丰富，托管业务深度和广度不断增加，实现了保险资产的"三权分离"，提高了保险投资运作的透明度，一定程度上遏制了保险资金运用的操作风险。

表14　保险资产托管监管法律体系

序号	监管内容	发布日期	文件名称	时效
1	风险管理	2004.04.28	《关于印发〈保险资金运用风险控制指引（试行）〉的通知》	失效
2	股票资产托管	2004.11.08	《关于印发〈保险公司股票资产托管指引（试行）〉的通知》	有效
3	保险资金托管	2005.10.13	《关于开展保险资金托管工作的通知》	失效
4	银行存款业务	2014.02.28	《关于规范保险资金银行存款业务的通知》	有效
5	风险管理	2014.10.17	《关于试行〈保险资产风险五级分类指引〉的通知》	有效
6	资产托管业务	2014.10.24	《关于规范保险资产托管业务的通知》	有效
7	内保外贷业务	2018.02.01	《关于规范保险机构开展内保外贷业务有关事项的通知》	有效

(三) 偿付能力监管制度

保险资金运用即通过负债端保费收入与损失赔偿之间的时间差进行投资并获取收益。保险公司偿付能力监管是保险资金运用的关键。我国偿付能力监管是以风险为导向，即通过制定定量资本要求、定性监管要求、市场约束机制相结合的偿付能力监管具体规则，对保险公司偿付能力充足率状况、综合风险、风险管理能力进行全面评价和监督检查，确定A类、B类、C类、D类四类风险综合评级，并采取差别化监管措施。保险公司偿付能力监管的核心在于偿付能力监管规则的科学有效，准确、全面反映保险公司风险状况，才能确保监管措施的有效性。表15展现了我国偿付能力监管制度体系的完善过程。现行制度为2021年修订的《保险公司偿付能力管理规定》及《偿付能力监管规则Ⅱ》。

表15 偿付能力监管制度体系的发展

发布日期	文件名称	主要内容及意义
2001.01.23	中国保险监督管理委员会《关于印发〈保险公司最低偿付能力及监管指标管理规定（试行）〉的通知》	构建最低偿付能力监管指标体系，确立最低偿付能力额度
2003.03.24	《保险公司偿付能力额度及监管指标管理规定》	完善偿付能力额度及监管指标体系，引入偿付能力充足率，针对不同偿付能力充足率采用相应监管措施
2008.07.10	《保险公司偿付能力管理规定》	建立完整的偿付能力监管制度体系（"偿一代"），内容包括内部风险管理制度、偿付能力评估标准和报告制度、财务分析和检查制度、监管干预制度、破产救济制度

续表

发布日期	文件名称	主要内容及意义
2013.05.03	中国保监会《关于印发〈中国第二代偿付能力监管制度体系整体框架〉的通知》	建立"偿二代"监管制度体系框架，确立定量资本要求、定性监管要求和市场约束机制的"三支柱"监管体系
2015.02.13	中国保监会《关于印发〈保险公司偿付能力监管规则（1—17号）〉的通知》	"偿二代"一期工程建设顺利完成，"偿二代"《规则Ⅰ》发布，17项监管规则基本成型
2021.01.15	《保险公司偿付能力管理规定》（2021修订）	时隔13年修订，明确偿付能力监管框架，完善偿付能力监管指标体系，强化保险公司的主体责任，优化偿付能力监管措施
2021.12.30	中国银保监会《关于印发〈保险公司偿付能力监管规则Ⅱ〉的通知》	"偿二代"二期工程建设顺利完成，"偿二代"《规则Ⅱ》从《规则Ⅰ》的17项增加到20项

"偿一代"作为以规模导向的偿付能力监管制度，主要依赖于定量监测指标，侧重于资产负债评估，不足主要表现为：一是以规模为导向的最低资本未与业务结构、承保质量和风险管理相关联，不能全面反映出保险机构面临的风险；二是定量监管为主的指标体系难以涵盖流动性风险、战略风险、操作风险、声誉风险等定性化风险指标；三是面对新兴资管产品缺乏有效的规制手段。

表16　偿付能力监管的三支柱框架体系

框架构成	第一支柱	第二支柱	第三支柱
监管要点	定量监管	定性监管	市场约束机制

续 表

框架构成	第一支柱	第二支柱	第三支柱
防范风险	保险风险 市场风险 信用风险	操作风险 战略风险 声誉风险 流动性风险	发挥市场监督约束作用，防范常规监管工具难以防范的风险
监管规则	量化资本要求 实际资本评估 资本分级 压力测试 监管措施	风险综合评价 风险管理要求与评估 流动性风险 检查与分析 监管措施	公司信息披露 监管信息披露 信用评级
监管评价	综合偿付能力充足率 核心偿付能力充足率	风险综合评级 控制风险得分	市场评价

"偿二代"改进了"偿一代"监管中的许多不足和问题，充分体现了以风险导向的监管特点，更加全面地反映出保险公司的实际风险状况，同时也给保险公司风险管理提出了更高标准的要求。"偿二代"《规则Ⅱ》自2022年施行，从第一季度实施情况看，《规则Ⅱ》提高了监管指标的风险敏感性和有效性，夯实了行业资本质量，增进了保险公司风险管理能力。后续仍需持续观察"偿二代"《规则Ⅱ》的实际实施效果。

表17 "偿二代"《规则Ⅱ》实施前后对比

指标	对象	2021年第四季度末	2022年第一季度末
平均综合偿付能力充足率	总体	232.10%	224.20%
	财产险公司	283.70%	236.30%
	人身险公司	222.50%	219.30%
	再保险公司	311.20%	298.50%

续 表

指标	对象	2021年第四季度末	2022年第一季度末
平均核心偿付能力充足率	总体	219.70%	150%

数据来源：银保监会网站。

在上述公司治理、资金运用和偿付能力的三支柱监管框架外，信息披露监管制度与关联交易监管制度同样具有重要作用，有必要专门针对这两项制度进行阐述。

（四）信息披露监管制度

现行保险资管信息披露制度包括保险公司治理信息披露、保险资金运用信息披露、投资管理能力信息披露、偿付能力信息披露以及保险资管产品信息披露等方面。

1. 保险公司治理信息披露

完善的信息披露制度是良好公司治理的重要表现。《保险公司信息披露管理办法》对保险公司及保险资管公司信息披露的内容、信息披露的方式和时间、信息披露的管理及法律责任进行了规范，2010年最初发布的版本并未明确适用于保险资管公司，2018年修订时予以明确。依据现行披露制度，保险公司信息披露的责任主体为董事会，保险公司应当披露的信息包括基本信息、财务会计信息、保险责任准备金信息、风险管理状况信息、保险产品经营信息、偿付能力信息、重大关联交易信息及重大事项信息。

为解决近年来保险机构公司治理方面的违规问题，监管部门在《保险公司信息披露管理办法》外还出台了一系列规范治理主体信息披露义务的规章制度，如针对保险集团公司股权结构复杂、实控人凌驾于公司治理的问题，《保险集团公司监督管理办法》（2021）明确了保险集团公司披露股权结构及重大风险事件的义务；针对保险公司控股股东利用关联交易、利润分配、资产重组、对外投资等方式损害保险公司及其他中小股东利益的情形，《保险公司控股股东管理办法》（2012）明确控股股东应当建立信息披露管理制度，《银行保险机构大股东行为监管办法》（2021）则进一步规定了保险机构大股东的披露义务，披露内容包括大股东控制权情况、与其他股东的关联关系及一致行动情况、所持股权质押冻结情况以及重大关联交易情况等。

2. 保险资金投资信息披露

为防范保险公司投资风险，原保监会在 2014 年至 2016 年陆续发布保险公司资金运用信息披露第 1-4 号准则，分别对保险公司的资金运用关联交易信息披露行为、资金运用风险责任人信息披露行为、举牌上市公司股票信息披露行为、大额未上市股权和大额不动产投资信息披露行为进行规范。

3. 投资管理能力信息披露

投资管理能力是保险机构开展债券、股票、股权、不动产等投资管理业务的前提和基础。保险资产管理机构的投资管理能力包括信用风险管理能力、股票投资管理能力、衍生品运用管理能力、债权投资计划产品管理能力和股权投资计划产品管理能力。提升保险资管机构投资管理能力是监管部门简政放权、推动市场化改革的措施之一，为此，2020 年 9 月，银保监会颁布《关于优化保险机构投资管理能力监管有关事项的通知》，将信息披露作为保险机构投资管理能力建设的监管方式之一，并且明确保险资管机构应当在公司及中国保险资产管理业协会官方网站上主动、及时披露投资管理能力建设及自评估情况。

4. 偿付能力信息披露

信息披露是成熟市场的标志，有助于规范保险机构公司治理、提升监管合力。"偿二代"监管《规则Ⅱ》第15条针对保险公司的偿付能力信息公开披露作出规范，强调保险公司公开披露偿付能力信息应当遵循充分性原则、及时性原则、真实性原则、可理解性原则和公平性原则，明确董事会是偿付能力信息公开披露的最终责任人，要求保险公司按照规则指引披露实际资本、最低资本等用以测算偿付能力充足率的数据。相比之下，我国偿付能力信息公开披露规则比欧盟"偿二代"（Solvency Ⅱ）信息披露内容更为丰富和具体，信息披露原则也多出了可理解性原则。

5. 资管产品信息披露

《资管新规》第12条明确了金融机构向投资者披露资管产品募集信息、资金投向、杠杆水平、收益分配、投资风险等内容的义务，并对公募产品、私募产品、固定收益类产品、权益类产品、商品及金融衍生品类产品、混合类产品的信息披露要求进行了规定。

表18 信息披露监管法律体系

序号	发布日期	文件名称	主要内容
1	2014.05.19	《保险公司资金运用信息披露准则第1号：关联交易》	保险公司与关联方之间开展银行存款、股权及不动产投资、关联方金融产品投资等资金运用行为应当披露信息

续 表

序号	发布日期	文件名称	主要内容
2	2015.04.10	《保险公司资金运用信息披露准则第2号：风险责任人》	保险资金运用活动应当公开披露风险责任人的相关信息
3	2015.12.23	《保险公司资金运用信息披露准则第3号：举牌上市公司股票》	规范保险公司举牌上市公司股票的信息披露义务，其中规定保险公司委托专业资产管理机构投资股票，发生举牌行为的，由保险公司履行信息披露义务
4	2016.05.04	《保险公司资金运用信息披露准则第4号：大额未上市股权和大额不动产投资》	保险公司在境内外开展大额未上市股权投资和大额不动产投资的信息披露义务
5	2018.04.27	《关于规范金融机构资产管理业务的指导意见》（《资管新规》）	明确金融机构向投资者披露资管产品信息的义务，明确各类资产产品的信息披露要求
6	2018.04.28	《保险公司信息披露管理办法》（2018）	规定保险公司及保险资管公司需要披露的信息内容
7	2020.09.30	《关于优化保险机构投资管理能力监管有关事项的通知》	以信息披露的方式管理监督保险机构投资管理能力
8	2021.12.30	《关于印发〈保险公司偿付能力监管规则Ⅱ〉的通知》	保险公司偿付能力监管规则第15号：偿付能力信息公开披露

（五）关联交易监管制度

关联交易在经济活动中广泛存在，尤其是在集团公司、跨国公司、母子公司及总分公司之间交易普遍。关联交易的优势在于提升交易效率、节约交易成本、促进规模经济，但关联交易也存在显著的负面效应，如控股股东滥用控制权对中小股东合法权益的侵害；利用非公允价格交易对保险公司合法利益的侵害；利用关联交易向关联方输送利益对金融消费者合法权益的侵害。

近年来资管行业依托关联交易形成复杂交易结构、借助多种通道业务、拉长资金流动链条、偏离公允价格交易、在非必要情况下嵌套交易合同、违规向关联方输送利益等违规行为层出不穷。2018年，银保监会通报了保险法人机构公司治理现场评估结果，指出部分保险机构存在关联交易制度有名无实、资金运用类关联交易风控不足、关联交易结构不合规导致保险公司利益受损等问题。2020年《关于开展保险机构资金运用违规问题自查自纠和风险排查的通知》通报了保险公司控股股东违法违规干预保险资金运用等问题。2021年银保监会在《持续开展银行保险机构股权和关联交易专项整治 不断提升公司治理质效》的监管动态中通报了借道同业、理财、表外等业务，或通过空壳公司虚构业务等隐蔽方式向股东输送利益的违规关联交易行为。

为解决关联交易导致的资产负债关系过于庞杂、多种关联关系相互交织、资金流动方式复杂难以监测、交易涉及机构过多难以穿透追溯关联方等问题，监管部门陆续出台了《保险公司关联交易管理办法》（2019）、《银行保险机构公司治理监管评估办法（试行）》（2019）、《保险公司董事、监事和高级管理人员任职资格管理规定（2021）》《银行保险机构公司治理准则》（2021）等规定完善关联交易监管制度。其中《保险公司关联交易管理办法》明确了关联方认定标准、重大关联交易标准和资金运用类关联交易监管比例上限，要求保险公司按照实质重于形式原则，跟踪监控保险资金流向，层层穿透至底层基础资产。《银行保险机构公司治理监管评估办法（试行）》则对保险机构开展关联交易所需达到的要求和条件提出了明确的评价标准。2022年修订后的《银行保险机构关联交易管理办法》按照实质重于形式的穿透式监管原则，通过压降关联交易比例限额，控制关联交易数量和规模，防范关联交易利益输送风险。与此同时，银保监会印发《关于开展保险资金运用关联交易专项检查的通知》，部署银保监会成立以来首次专门针对保险资金运用关联交易的专项检查，遏制不当关联交易行为。

第二节 保险资产管理法律监管的不足

一、监管理念的不足

我国保险资产管理的监管理念包括传统意义上的分类监管和机构监管理念，市场化改革阶段"放开前端、管住后端"的监管理念，强化系统性风险防控背景下宏观审慎管理与微观审慎监管相结合的监管理念，"大资管"时代机构监管与功能监管相结合的监管理念，强化股权管理与股东义务背景下的穿透式监管理念，以及金融消费者教育与金融消费者保护理念。这些监管理念用以指导保险资产管理立法及监管活动，当然也可以通过梳理保险资管法律文件来重新审视监管理念。从表19中可以看出，功能监管理念、金融消费者教育理念以及金融消费者保护理念是相对匮乏的，穿透式监管效能虽然在实践中有待细化、监管规则有待完善，但就其理念层面相对而言是充分的。

表 19　法律文件中直接体现的监管理念

监管理念/原则	监管对象	相关内容
机构监管与功能监管	资产管理产品	《关于规范金融机构资产管理业务的指导意见》：机构监管与功能监管相结合
分类监管	保险公司	《保险公司非现场监管暂行办法》：全面风险监管原则、协调监管原则、分类监管原则、监管标准统一原则
分类监管	偿付能力	《保险公司偿付能力监管规则第11号：风险综合评级（分类监管）》：银保监会负责对直接监管的保险公司法人机构实施分类监管。银保监局负责对属地监管的保险公司法人机构实施分类监管
分类监管	股权	《保险公司股权管理办法（2018）》：按照实质重于形式的原则，依法对保险公司股权实施穿透式监管和分类监管
穿透式监管	关联交易	《关于进一步加强保险公司关联交易管理有关事项的通知》：按照实质重于形式的原则穿透认定关联方和关联交易行为
穿透式监管	关联交易	《关于加强保险机构资金运用关联交易监管工作的通知》：鼓励、指导和督促保险机构按照实质重于形式和穿透的原则开展资金运用关联交易合规管理的自查自纠
穿透式监管	关联交易	《银行保险机构关联交易管理办法》：根据实质重于形式和穿透的原则认定关联方；识别、认定、管理关联交易；计算关联交易金额
穿透式监管	大股东	《关于印发银行保险机构大股东行为监管办法（试行）的通知》：按照实质重于形式的原则，加强对银行保险机构大股东的穿透监管和审查
穿透式监管	保险集团	《保险集团公司监督管理办法》：按照实质重于形式的原则，对保险集团公司实行全面、持续、穿透的监督管理
穿透式监管	自有资金	《保险公司股权管理办法（2018）》：根据穿透监管和实质重于形式原则，可以对自有资金来源向上追溯认定
穿透式监管	股东及其实际控制人、关联方、一致行动人	《保险公司股权管理办法（2018）》：加强对保险公司股东的穿透监管和审查，可以对保险公司股东及其实际控制人、关联方、一致行动人进行实质认定

续 表

监管理念/原则	监管对象	相关内容
穿透式监管	多层嵌套资产管理产品	《关于规范金融机构资产管理业务的指导意见》：实行穿透式监管，对于多层嵌套资产管理产品，向上识别产品的最终投资者，向下识别产品的底层资产
审慎监管	关联关系和资金来源	《保险公司股权管理办法（2018）》：根据审慎监管的需要，要求相关股东逐级向上声明关联关系和资金来源
	偿付能力、流动性等风险	《保险集团公司监督管理办法》：基于审慎监管原则，要求保险集团公司对其偿付能力、流动性等风险开展覆盖全集团的压力测试

（一）功能监管理念不足

功能监管是依据金融体系的基本功能和金融产品的性质来实施监管，是为适应金融创新与混业经营趋势对机构监管的冲击而逐步发展起来的一种监管理念。美国金融监管以功能监管为主，同时包含一些机构监管的因素，被称作"基于行业的功能监管"。我国金融监管部门提出功能监管理念则是在2014年的全国外资银行工作会议，时任央行行长的周小川强调要树立功能监管理念以适应市场需求的不断变化和业务交叉性产品的不断出现。[①] 习近平总书记在2017年7月召开的全国金融工作会议上强调要"强化综合监管，突出功能监管和行为监管"。2018年发布的《资管新规》中则提出要"坚持宏观审慎管理与微观审慎监管相结合、机构监管与功能监管相结合的监管理念"，同年组建成立银保监会标志着分业监管下的机构监

---

① 杨惠. 机构监管与功能监管的交错：美国GLB法案的经验[J]. 财经科学，2007（5）：11-18.

管逐步转向混业监管趋势下的功能监管。

相较于机构监管,功能监管的主要优势表现为:功能监管更能确保监管的专业性和针对性,更有助于监管理念的一致性,更有助于实现监管公平与竞争,更有助于金融市场的统一和发展,更有助于推动金融创新。但强调功能监管并非要取代机构监管,机构监管向功能监管的转变本质上是金融创新导致分业经营向混业经营的转变。诺贝尔经济学奖得主、美国哈佛商学院教授 Robert C. Merton 认为,现代金融技术的进步模糊了金融机构的业务界限,应当抛弃昔日以"机构类别"区别金融市场的分类标准,而改从"功能层面"来划分各种金融活动类型。[1] 当然功能监管也存在局限之处,主要表现为产品功能划分困难、监管重复以及对系统性金融风险的忽视。

需要注意的是,机构监管以分业经营为基础,但并不等同于分业监管,功能监管以混业经营为基础,但并不等同于混业监管。分业经营环境中也有功能监管,混业经营环境中亦不能脱离机构监管。机构监管与功能监管实际上是相辅相成、相得益彰的关系,机构监管在单一的分业经营下更具成效和效率,而功能监管在交叉的混业经营下更具成效和效率。机构监管向功能监管的转向实质上是形成机构监管与功能监管相结合的监管模式,发挥机构监管整体性和清晰性的优势与功能监管专业性、公平性、统一性、前瞻性和创新包容性的优势。[2]

---

[1] 刘宇飞. 国际金融监管的新发展 [M]. 北京:经济科学出版社,1999.
[2] 廖凡. 金融市场:机构监管? 功能监管? [J]. 金融市场研究,2012(6):96-103.

（二）统合监管理念不足

每一种监管方法均有其工具功能及适用性，监管方法之间的协同配合可以提升监管效能，这种协同应当统一于监管目标之下。目前我国资管领域的监管工具组合主要分为三类，第一类是传统意义上的分类监管和行为监管之间的组合，第二类是机构监管与功能监管之间的组合，第三类是宏观审慎监管与微观审慎监管之间的组合，此外还有其他监管工具组合，但缺乏协同配合与统合运用。

以穿透式监管为例，穿透式监管虽然以功能监管和行为监管理论为基础，但穿透式监管与其他监管方式有着本质区别，即穿透式监管的核心功能在于事实发现，而非事实发现后的监管实施，因此穿透式监管很难成为相对独立的监管模式，必须与其他监管方式协同作用才能发挥其效能。在监管过程上，由于穿透式监管发现事实的活动在实施监管行为之前，因此可以与机构监管、功能监管与行为监管相配合。在监管深度上，穿透式监管作为监管方式的深化手段，有助于刺穿主体、产品和资金流向的面纱，因此可作为金融创新及其功能监管的有效补充，促进监管有效性的提升。

（三）金融消费者教育理念不足

我国资管领域金融消费者教育相对缺失，最典型的表现是许多金融消费者对银行理财产品和传统的保本付息存款业务存在误解，以致于在发生投资风险事件造成损失后容易引发群体性事件，当然这也与资管市场长期以来充斥的刚性兑付产品向金融消费者传递的不当预期和资管产品销售机构未尽到适当性义务有关。相较而言，金融消费者对证券等金融产品的风险有着更为清晰的认知，这与"股市有风险，投资要谨慎"的证券宣传教育不无关系。《证券法》第88条专门规定了金融机构的适当性义务，证券领域针对金融机构适当性义务的规范性文件最多，包括专门针对投资者适当性的《证券期货投资者适当性管理办法》，而投资者适当性义务中的了解客户、了解产品、客户与产品匹配及风险揭示等义务均涉及金融消费者教育，尤其是风险揭示义务对于普通金融消费者而言最能传递金融知识和风险防范意识。具体而言，我国资产管理领域金融消费者教育理念不足主要表现在以下几个方面：

一是刚性兑付文化土壤尚未消除。在长期以来我国资管市场各色各样刚兑产品的浸淫下，大多数投资者形成了"隐性刚兑"和"固定收益"预期，对于长期投资、价值投资、审慎投资、产品净值化等理念的接受程度较低，对资产管理产品合同条款的风险辨识能力以及风险防范意识不足。其次，在金融消费者教育知识的传授方面，金融机构始终以各类投资风险的揭示、非法投资活动防范以及投资者维权途径的普及为主要内容，相较而言，打破刚性兑付相关知识的教育活动明显不足。

二是缺乏金融消费者教育长效机制的统筹规划和立法安排。《资管新规》中要求加强金融消费者教育，提高金融消费者的金融知识水平和风险意识，向金融消费者传递"卖者尽责、买者自负"的理念，以打破刚性兑付。目前针对金融消费者教育的法律法规主要集中在证券投资领域，如国务院2013年发布的《关于进一步加强资本市场中小投资者合法权益保护工作的意见》主要强调证券期货机构的金融消费者教育义务。2015年中国证监会《关于加强证券期货投资者教育基地建设的指导意见》发布后，投资者教育基地开始正式进入公众视野。保险投资领域仅人民银行、银保监会、证监会发布的《对真抓实干成效明显地方激励措施的实施办法（2022）》明确将建立金融知识普及与投资者教育的长效机制作为地方金融服务实体经济、防范化解金融风险、维护良好金融秩序情况的定性评价标准之一。

三是金融机构参与金融消费者教育的积极性有待提升。根据《中国投资者教育现状调查报告（2020）》，近年来我国投资者"长期接受投资者教育（定期或不定期地）"的比例呈逐年下降趋势，2017年、2018年、2019年分别为45.96%、40.27%、36.39%，2020年则下降到20.39%，我国投资者主动接受投资者教育的意识普遍较弱。另一方面，2020年"长期开展投资者教育活动（定期或不定期地）"的比例为65.01%，较2019年下降了5.72%，金融机构在培养投资者长期接受金融教育的习惯方面稍显力度不足。

（四）金融消费者保护理念不足

1. 重金融秩序和金融机构、轻金融服务对象

加强金融消费者保护，有助于提振金融消费者信心，维护金融安全与稳定，防范和化解金融风险。金融消费者保护属于行为监管的范畴，与审慎监管在目标、方法和侧重点上有所区别，是金融监管体系的薄弱点。2015年11月国务院办公厅发布的《关于加强金融消费者权益保护工作的指导意见》强调，要坚持审慎监管与行为监管相结合，建立健全金融消费者权益保护监管机制和保障机制。就

监管对象而言，我国金融领域的立法基本上围绕金融服务机构，鲜有从金融服务对象角度出发制定法律法规和规章制度的，规制手段也主要针对金融机构及其工作人员的违法违规行为，而非为金融服务对象提供权利救济，这暴露出我国金融领域长期存在的重金融秩序和金融机构、轻金融服务对象的固有思维，表明我国金融消费者保护工作还很不足：尚未制定专门针对金融消费者保护的统一立法，既有规章制度中甚至连金融消费者概念都未能确立；金融行为监管体系还不健全，存在监管空白和监管重复；尚未引导金融服务机构树立起金融消费者权益保护的目标。

2. 金融消费者适当性义务缺失

作为金融消费者保护的基本制度，金融消费者保护理念的不足还体现为金融消费者适当性理念的缺失与适当性制度的缺位上。

一是金融消费者适当性义务为法定义务，但尚未形成广泛共识。如自2005年原银监会颁布的《商业银行个人理财业务管理暂行办法》算起，金融消费者适当性理念进入我国资本市场已10余年，这期间证券、银行和基金资管领域发布了大量针对金融消费者义务的规范性文件和规则指引，《九民纪要》中也明确了金融消费者义务的内容、适用规则、赔偿责任及举证责任分配，我国金融消费者适当性制度的法律体系已初步构建。但金融消费者适当性理念方面仍存在着许多不足，以至对金融消费者适当性理论的认识也存在许多模糊和争议。如2020年4月中行原油宝事件，"原油宝"产品销售存在投资者风险测评不到位、产品风险评级不准确、客户与产品风险匹配不适当、未向投资者说明产品风险等严重违反投资者适当性义务的问题，国务院金融委尽管依据投资者适当性原则作出了保护中小投资者的决定，但从通报内容可以看出，金融委并未将金融消费者适当性义务视为法定义务。

二是金融消费者适当性义务存在曲解。曲解金融消费者适当性义务的最典型表现即我国资管市场长期存在的刚性兑付现象。金融消费者适当性义务传递出信托法律关系中的"买者自负、卖者尽责"的理念，但"卖者尽责"并不意味着"卖者全责"。最高人民法院印发的《全国法院审理债券纠纷案件座谈会纪要》（2020）中提出审理债券纠纷案件要坚持"卖者尽责、买者自负"的原则，并且强调"买者自负"的前提是"卖者尽责"。①

三是将适当性义务与信义义务、合格投资者制度混同。信义义务主要指受托人对委托人应履行的勤勉义务和忠实义务，适当性义务则主要指金融机构对客户所履行的了解客户、了解产品、产品和客户匹配及风险揭示义务。信义义务的内涵更为丰富，适用范围更加广泛，资产管理中管理人招徕投资时未尽投资者适当性义务的行为、公司治理中大股东侵害小股东利益的行为、破产财产处置中管理人介入拍卖变卖的行为及债权人担任受托人管理破产财产的行为都牵涉信义义务。②

适当性义务与合格投资者不能混同主要基于两方面的原因，一

---

① 《全国法院审理债券纠纷案件座谈会纪要》关于案件审理的基本原则第3条规定："债券依法发行后，因发行人经营与收益的变化导致的投资风险，依法应当由投资人自行负责。但是，'买者自负'的前提是'卖者尽责'……"

② 许德风.道德与合同之间的信义义务——基于法教义学与社科法学的观察[J].中国法律评论，2021（10）：140-153.

是因为合格投资者的认定为事前准入门槛，而适当性义务为事中、事后规制，两者适用的阶段和监管方式并不相同。二是合格投资者虽然普遍为专业投资者，但如果将合格投资者排除在适当性义务之外，则意味合格投资者"买者自负"责任的过度承担以及卖方机构"卖者尽责"义务的过度减免，或将刺激资产管理机构设计专门针对合格投资者的隐匿型高风险资管产品，这并不利于合格投资者权益的保护。

二、监管体制的不足

（一）信托法律体系不健全

一是《信托法》适用范围过窄，受到分业监管体制限制。《信托法》在营业信托领域对信托公司的资产管理业务进行了规范，但并未调整保险资管机构在内的其他资管业务，部分金融机构实质上从事的营业信托业务往往并未被视为信托性质业务，其根源在于分业经营、分业监管的体制限制。2001年12月29日，国务院办公厅发布的《关于〈中华人民共和国信托法〉公布执行后有关问题的通知》中强调，"未经人民银行、证监会批准，任何法人机构一律不得以各种形式从事营业性信托活动，任何自然人一律不得以任何名义从事各种形式的营业性信托活动"。这一规定人为地限制了信托法律关系和《信托法》的适用范围，将信托视为特定的金融行业，而非一种交易结构和法律特性，并将信托关系的认定取决于金融机构是否获得监管部门颁发的"信托牌照"，而金融机构为了逃避营业性信托的责任义务约束，往往主张从事的业务属于委托代理关系范畴。

以保险资管业务为例，根据中国保险资产管理业协会发布的调研数据，2021年业内委托投资规模占比达70%（委托关联方69.62%，委托非关联方0.71%），业外委托投资规模增速虽快，但比重仍仅为3.45%。保险资金业内委托双方建立委托代理关系，业外委托双方构成信托关系[①]，可见由于信托法律关系的限缩，实践中大部分保险资金委托投资业务无法纳入信托关系的调整范围内，导致委托人"买者自负"的风险意识无法建立，受托人"卖者尽责"的信义义务无法落实，刚性兑付土壤无法得到根除。"行信托之实，否信托之名，逃信托之法"的资管乱象之根源无法破除。[②]

二是信义义务应用缺乏具体标准，难以适用于整个资管领域。《信托法》适用范围过窄致使信托法律关系及管理人信义义务无法拓展至整个资管领域，形如《资管新规》在内的资管监管制度囿于上位法的限制始终无法突破信托法律关系适用范围的限制。既有关于信义义务的规范主要源于《信托法》《公司法》《证券法》《证券投资基金法》，其中《信托法》有关受托人信义义务的规定具有适用于整个资产管理业务的基础，但由于《信托法》对信义义务的规定太过笼统、信义义务内容过于狭隘、信义义务具体判定标准过于原则，难以作为司法实践中民事裁判的依据，更多的是作为监管处罚的根据。本应适用于整个资产管理行业的"大信托"最终演变为仅适用于信托行业的"小信托"，未能体现信托法律制度在现代金融活动中

[①] 张锋露.保险资金委托投资存在问题及监管建议[J].上海保险，2022（3）：12-13.
[②] 王涌.让资产管理行业回归大信托的格局[J].清华金融评论，2018（1）：82-84.

的巨大优势,也成为了掣肘资管行业持续健康发展的重大障碍。

(二)宏观审慎监管体系不完善

宏观审慎监管政策框架的主要目标是维护金融稳定,防范系统性金融风险。金融稳定涉及三个层面,分别是金融机构的稳定(系统重要性金融机构)、金融市场的稳定(银行间债券市场,比如清算机构、托管机构等基础设施)及金融传导机制的稳定(货币政策传导机制、利率市场传导机制、储蓄转化投资机制等)。近年来,我国金融业发展过程中出现了许多"黑天鹅""灰犀牛"事件,影子银行规模急剧扩张、P2P网络借贷过度发展、2015年股市异常波动、包商银行被接管,部分中小金融机构公司经营模式粗放,部分股东和实际控制人滥用控制权、违规占用资金等问题突出,局部区域化金融风险、行业内金融风险凸显,金融群体性事件爆发风险加剧,金融系统稳定性面临的挑战和威胁日益增大,暴露出我国资管领域宏观审慎监管体系的不足。

一是维护金融稳定的监管体系尚不完善。我国金融领域尽管有《中国人民银行法》《商业银行法》《证券法》《保险法》《信托法》《银监法》《票据法》《担保法》等法律,但这些法律针对的是局部的、部门的、特定行业的、特殊领域的问题,如《中国人民银行法》注重审慎监管,强调货币机制的传导,《银监法》针对个别金融机构风险,《商业银行法》《保险法》《证券法》的监管对象分别是商业银行、保险机构和证券公司,相关条款较为分散,相关规定过于原则性,尤其是涉及金融稳定的顶层设计和跨行业、跨部门的统筹安排尚未建立，统一协调的金融风险防控处置机制尚未形成，监管难以覆盖全市场的金融稳定，难以实现事前、事中、事后的全流程监管。早在2006年全国两会期间，就有人大代表提交了呼吁尽快制定《金融稳定法》的议案，提议制定专门的《金融稳定法》，建立金融风险防范、化解和处置的制度安排，但直到2022年4月，中国人民银行才印发《中华人民共和国金融稳定法（草案征求意见稿）》，强调构建以国家金融稳定发展统筹协调机制（国务院金融委）为统筹指挥，金融部门和地方按照职责分工密切协调配合的监管体制。

二是针对系统重要性保险机构的监管体系尚未完善。早在2016年3月，中国保监会即发布《国内系统重要性保险机构监管暂行办法（征求意见稿）》并进行了两轮征求意见，但该办法此后并未出台，直到2018年11月《关于完善系统重要性金融机构监管的指导意见》的发布才初步构建起我国系统重要性金融机构的监管框架。该意见虽然针对系统重要性保险机构的统一监管体系，但我国保险机构有其自身特点，应当建立针对系统重要性保险机构的评估机制。为此，2022年7月8日，银保监会下发《系统重要性保险公司评估办法（征求意见稿）》，强调建立专门针对系统重要性保险机构的评估指标体系和评估机制。

（三）公司治理结构监管不足

自2004年《保险资产管理公司管理暂行规定》发布以来，监管部门出台了一系列规范保险机构公司治理的部门规章和规范性文件，经过10余年的发展，保险公司治理结构逐步健全，但仍存在着公司治理法制框架不够完善、公司治理监管规制缺失、公司治理监管资源和监管能力不能满足监管需要的问题。这些问题在保险公司层面突出表现在股东股权和董事会运作两个方面。

1. 股东行为不合规、不审慎

近年来的中小银行保险机构股权结构和股东行为方面的乱象丛生，如部分保险机构股东出资不实、虚假出资、循环注资、抽逃出资、以非自有资金出资，部分股东违规委托持股、代持股权，隐藏实际控制人及关联关系，部分股东不当干预董事会、违规干预公司经营、侵犯中小股东权益，甚至个别股东违规利用关联交易进行利益输送。这些乱象暴露出保险公司股权集中托管机制缺失、对股东穿透监管不足、问责处罚力度不够，重大违法违规股东常态化公开披露机制不健全以及中小股东权益保障机制不完善等问题有关。以股权集中托管机制为例，目前金融领域针对股权托管的法律文件仅2017年银保监会颁布的《商业银行股权托管办法》，保险业领域并无相应制度规范。

2. 董事会运作有效性不足

董事会是公司治理的核心，承担着战略规划、风险控制、合规管理、内部控制等职能，拥有公司重大事项的决策权，对公司绩效有着决定性的影响。经过10多年的改革发展，我国保险机构普遍建立了董事会制度，董事会在公司重大决策中的核心地位越来越突出，董事会及董事会专业委员会的专业化、国际化程度不断提升。然而我国保险公司董事会运作仍然面临着董事会结构不合理、运作不规范、履职评价不规范、受托责任欠缺、专业性不足、激励考核机制不完善等问题[①]，衍生出董事履职不到位、董事长决策权过大，董事会治理效能未及预期，董事会对控股股东及实控人不能形成有效制衡，内部人控制及违规关联交易等突出问题，导致公司治理结构失范。

3. 独立董事制度形同虚设

2007年《保险公司独立董事管理暂行办法》出台后，历经10余年发展，我国绝大多数保险机构建立了独立董事制度。独立董事多为财务、经济、法律等领域专家，通过担任董事会审计委员会、关联交易委员会、提名薪酬委员会主任委员等职务，在董事会中履行咨询与监督的职责，为董事会和管理层提供专业意见和客观判断。

相较于监事会等其他制度安排，独立董事制度的优势在于独立董事的专业性能够提升公司重大决策水准，独立董事的独立性能够对董事会形成有效制衡，防范重大违规关联交易的发生。[②] 提升外部独立董事比例能够优化董事会结构，减少内部人控制，防范违规关联交易及大股东对中小股东权益的侵害。然而我国保险机构独立董事制度普遍存在制度运行水平参差不齐，独立董事专业性不足、独立性缺乏、履职不到位、制衡性不足等问题，部分独立董事不敢、不愿、不能独立履职，独立董事沦为"花瓶董事""人情董事"，导致部分保险公司的独立董事制度形同虚设。

---

① 凌士显，谢清华. 我国保险公司董事会治理有效性实证研究——基于32家股份制保险公司的经验数据[J]. 保险研究，2015（12）：21-29.
② 宋明，王国军. 保险公司关联交易监管：核心问题及优化路径[J]. 保险研究，2022（2）：3-16.

（四）投资者适当性制度不健全

我国各监管部门针对投资者适当性义务出台了大量规则，有学者统计，自 2007 年 10 月中国证监会发布《证券投资基金销售适用性指导意见》至 2014 年年底，有关适当性义务规范和自律规则已有 49 项[1]。尽管我国投资者适当性义务规则数量庞大，但在分业监管大背景下却呈现出政出多门、法条零散、措辞混乱、标准多元的尴尬局面[2]。投资者适当性制度的问题主要表现在三个方面：

一是我国投资者适当性制度散见于银行、证券、基金等各个领域，如证券期货领域专门颁布了针对投资者适当性的法律规定——《证券期货投资者适当性管理办法》（2020）；二是我国各监管部门针对投资者适当性义务制定的大量规则存在监管标准不一致的问题，为监管套利创造了机会；三是适当性义务履行方式、判断标准和责任追究机制等操作层面的规定较为宽泛，有待进一步细化；四是我国保险资产管理领域并无针对投资者适当性的法律规定，仅适用《资管新规》第 6 条第 1 款对金融机构发行和销售资管产品的投资者适当性义务的规定。

---

[1] 翟艳. 我国投资者适当性义务法制化研究 [J]. 政治与法律，2015（9）：98-106.
[2] 黄辉. 金融机构的投资者适当性义务：实证研究与完善建议 [J]. 法学评论，2021（3）：130-143.

表20　我国金融监管法中的投资者适当性义务

法律文件	相关条款	了解产品	了解客户	客户与产品匹配	风险揭示	与承诺一致
《证券法》	第88条	√	√	√	√	
《资管新规》	第6条第1款	√	√	√		
《商业银行个人理财业务管理暂行办法》	第37条	√	√	√		
《金融消费者权益保护实施办法》	第22条					√
《证券投资基金法》	第98条			√	√	
《证券公司监督管理条例》	第29条	√	√			
《关于规范商业银行代理销售业务的通知》	第1条			√	√	
《私募投资基金募集行为管理办法》	第6条					√
《商业银行理财业务监督管理办法》	第26条			√		
《证券期货投资者适当性管理办法》	全部	√	√	√	√	√

（五）信息披露制度不健全

当前我国保险资产管理信息披露监管制度存在不健全，主要表现为市场主体信息披露义务缺失、保险资产受托管理人的信息披露标准不统一、保险资管产品披露信息缺乏可理解性以及ESG信息披露框架不完善。

1. 保险资管机构的信息披露义务缺失

保险资管公司的信息披露义务长期以来存在缺失，如 2004 年出台的《保险资产管理公司管理暂行规定》中未涉及保险资产管理公司的信息披露义务，该规定在 2011 年与 2012 年两次修订中亦未提及，直到 2021 年 12 月《保险资产管理公司管理规定（征求意见稿）》中才增加了保险资管公司的信息披露义务。

2. 保险资产受托管理人的信息披露标准不统一

受托管理人信息披露义务存在差异，如深圳证券交易所规定保险资金委托人为信息披露的主体，受托人资产管理人不承担信息披露的责任，而《资管新规》中规定金融机构受托资金进行投资有义务办理与受托财产管理业务活动有关的信息披露事项，深交所与《资管新规》对信息披露义务责任主体的规定不统一，或将导致重复披露、过度披露等问题。

3. 保险资管信息披露的可理解性相对薄弱

目前信息披露制度仅在偿付能力监管规则中规定了信息披露的可理解性原则，而在保险公司治理监管与保险资管产品监管的信息披露义务中均未体现可理解性原则，不利于投资者适当性义务的履行以及对金融消费者的教育和保护。

4. ESG 信息披露框架不完善

近年来，我国资产管理机构发布社会责任报告的数量不断增加，但披露报告的机构占比仍然很低。ESG 信息披露制度的问题表现为资产管理机构对 ESG 的认知普遍不足、自愿披露 ESG 信息的意愿较低、ESG 披露标准不统一、披露信息不全面、信息披露第三方认证未完全规范、信息披露的质量层次不齐、信息披露数据处理未实现智能化等方面[①]。

三、监管机制的不足

(一) 监管协调机制不健全

2013年8月,国务院批复同意建立由人民银行牵头,银监会、证监会、保监会、外汇局为成员单位的金融监管协调部际联席会议制度。《国务院关于同意建立金融监管协调部际联席会议制度的批复》中特别强调:"不改变现行金融监管体制,不替代、不削弱有关部门现行职责分工,不替代国务院决策。"2017年11月成立的国务院金融稳定发展委员会为监管协调机制的建立提供了机构层面的支持,2018年3月正式组建的中国银行保险监督管理委员会(银保监会)标志着分业监管向混业监管的重要转变,同一时间出台的《资管新规》建构起资产管理业务的统一标准,而后各部门依据《资管新规》出台的一系列配套细则从法律规范层面补齐了"大资管"体系的制度短板。

但就整个资管行业而言,我国资产管理行业的监管法律一直以来未依据资产管理产品的共同法律属性统一协调制定,而是由各监管部门基于本部门监管需要而出台,因此我国资管监管制度呈现出显著的"机构监管"特征。机构监管即按照金融机构类型划分监管权限的监管方式,在机构监管下,同一类资产管理机构均有对应的

---

① 操群,许骞.金融"环境、社会和治理"(ESG)体系构建研究[J].金融监管研究,2019(4):95-111.

监管部门，监管权并非指向资产管理机构的某项业务或某类产品，而针对的是资产管理机构本身。《资管新规》虽然推动我国机构监管向功能监管转变，但银行保险、信托、证券、基金、期货的分业监管体系并未改变，高效运转的监管协调机制尚未完全形成。

一是国务院金融委的统筹协调作用有待进一步发挥，尤其是在宏观审慎监管方面，防范系统性金融风险，维护金融秩序的稳定，需要构建国家金融稳定发展统筹协调机制，便于指挥有关部门和地方配合金融委开展重大金融风险防范、化解和处置工作，而解决各部门资管领域部门规章和规范性文件内容的统一和衔接问题也有待于金融委统筹协调功能的发挥。二是金融消费者权益保护协调机制不健全，金融消费者权益难以得到切实维护，主要表现在银行业、保险业和证券业消费者权益保护工作之间的协调，金融消费者保护机构与市场监督管理部门、金融消费者协会、各金融行业自律组织等部门之间的协调以及金融纠纷调解组织之间的统筹协调。三是资管市场监管信息共享机制协调性不足，部门间信息共享机制所依托的金融监管协调机制不完善，制约了穿透式监管、偿付能力监管及系统性风险监测的有效性，不利于资管监管效能的提升。

（二）D-SIIs 评估机制不健全

系统风险[①]是指金融市场发生严重的个别事件从而导致金融系

[①] 系统风险（Systemic risk）与系统性风险（Systematic risk）的内涵不同，系统性风险多指代不可分散的市场固有风险，而系统风险则是政策文件中强调的金融系统不稳定风险，故采用"系统风险"更准确。

统整体不稳定并可能带来严重后果的风险。对系统重要性金融机构（Systemically Important Financial Institutions, SIFIs）的监管是防范和化解系统风险的重要宏观审慎工具。我国系统重要性金融机构监管的探索始于银行业，2011年11月，原银监会发布的《关于中国银行业实施新监管标准的指导意见》引入了宏观审慎监管理念，提出从市场准入、审慎监管标准、持续监管和监管合作等方面加强系统重要性银行监管，增强系统重要性银行监管有效性。

2016年3月，原保监会发布《国内系统重要性保险机构监管暂行办法（征求意见稿）》并在国内系统重要性保险机构（Domestic Systemically Important Insurer, D-SIIs）监管制度建设启动会上表示将公布首批 D-SIIs 名单。2016年8月，原保监会根据各方反馈意见及国际监管动向制定并发布了《国内系统重要性保险机构监管暂行办法（第二轮征求意见稿）》。虽经两轮征求意见，但 D-SIIs 监管暂行办法始终未出台，直到银保监会组建后与央行、证监会于2018年11月联合发布《关于完善系统重要性金融机构监管的指导意见》，才正式确立包括系统重要性保险业机构在内的 SIFIs 监管制度。该意见指出针对 SIFIs 的监管主要通过两条途径实现，一是制定针对 SIFIs 的特别监管要求，增强 SIFIs 的持续经营能力，从而降低重大危机发生的风险；二是建立 SIFIs 特别处置机制，确保危机发生后能够安全、快速、有效处置，保证 SIFIs 关键业务及服务持续不中断，降低 SIFIs "大到不能倒"（Too Big To Fail）风险。

该意见虽然将 D-SIIs 纳入监管范围，但我国保险机构有其自身特点：一是我国保险机构体量大、规模大。截至2021年年末，我国保险业资产规模达到24.9万亿元，占金融业总资产的6.5%，是仅次于银行业的第二大金融行业，同时也是全球第二大保险市场；二是我国保险业行业集中度高，高于我国银行业及欧美国家保险业；三是我国部分大型保险集团复杂性高、跨业经营特征显著，与金融体系的关联度较高。因此，有必要制定专门针对D-SIIs的评估机制，解决我国自2018年SIFIs监管意见发布以来的D-SIIs评估机制不健全的问题。为此，2022年7月8日，银保监会下发《系统重要性保险公司评估办法（征求意见稿）》。该办法设立了规模、关联度、资产变现、可替代性四大维度12项评估指标，采用定量、定性相结合的方式进行评估，加权平均分1 000分以上者，以及监管判定应该纳入者将被纳入评估名单。

该办法构建的指标体系与国际通行指标体系既有共通点，也有区别。SIFIs评估通常采用规模、可替代性及关联度三类指标。巴塞尔银行监管委员会（BCBS）《全球系统重要性银行：评估方法与附加损失吸收能力要求》（2011）包括规模、关联性、复杂性、可替代性以及跨境业务5个指标类及总风险暴露、金融系统内资产以及托管资产等12个子指标。国际保险监督官协会（IAIS）在《全球系统重要性保险机构：初步评估方法》（2013）中将系统性金融机构的认定拓展至保险机构，并提出规模、关联性、可替代性、全球活跃度以及非传统非保险业务五大类指标。下一阶段需要待D-SIIs评估办法正式出台并实施后，观察其评估指标体系是否科学合理、是否准确完善、是否能够有效识别出"大而不能倒险企"并实施有效监管。

（三）关联交易监管机制不完善

保险资金运用关联交易隐蔽性、复杂性、多变性较强，穿透难度大。当关联交易法律法规不完善、不健全时，控股大股东就可能控制上市公司并通过关联交易来牟取和输送利益。[1] 近年来资金运用类关联交易占比始终在 80% 以上[2]，"安邦系""明天系"等风险机构通过关联交易挪用大量资金的违法违规行为给保险业的稳健运行带来了严重危害。为此，银保监会自 2019 年起开展银行保险机构股权和关联交易专项整治工作并对违规机构和相关责任人实施行政处罚，2019 年至 2021 年处罚金额合计 1.4 亿元，处罚相关责任人 395 人。[3] 2021 年保险机构关联交易违规审批问题涉及机构同比减少 29%，关联交易专项整治工作取得了初步成效。此次关联交易专项整治工作表明，关联交易监管制度还存在缺陷和漏洞，这些问题集中表现为关联交易及关联方的识别不到位、关联交易的监督审查不到位以及存在违规利益输送的严重问题。

（四）金融违规举报机制不健全

金融违规举报机制是金融监管机制的有益补充，可以弥补监管部门信息不对称、调查不深入、监测不广泛等劣势，尤其在对部分

---

[1] Diane K. Denis, John J. McConnell. International Corporate Governance [J]. Journal of Financial and Quantitative Analysis, 2003, 38（1）.

[2] 宋明，王国军.保险公司关联交易监管：核心问题及优化路径[J].保险研究，2022（2）：3-16.

[3] 银保监会持续开展银行保险机构股权和关联交易专项整治 不断提升公司治理质效，[EB/OL].[2021-4-28].http://www.gov.cn/xinwen/2021-04/28/content_5603603.htm.

股东和实际控制人滥用控制权、违法违规占用金融机构资金等行为的监管上具有无可替代的优势。《资管新规》虽然规定发现金融机构刚性兑付行为可以向金融管理部门举报，并在查证属实后给予适当奖励，但并未明确奖励的额度以及奖金发放方式，难以达到激励举报者"告密"的预期效果。保险资管业现行的举报制度规定在2020年3月施行的《银行保险违法行为举报处理办法》中，该办法虽然对举报的范围、方式和受理程序作出了规范，但并未规定任何奖励机制。

我国金融领域的"有奖举报"制度起源于证监会2014年发布、2020年修订的《证券期货违法违规行为举报工作暂行规定》，该规定相较于《资管新规》中的原则性规定更为具体，对举报接收、提请调查、奖励等工作都作了规定，但该规定仅适用于证券期货领域，而且该规定也存在着奖励额度较低、激励效果较弱的问题，如对罚没金额10万元以上的，仅按罚没款金额的1%奖励举报人，即便是内部知情人员提供了重大违法案件线索，最高奖励额度也不超过60万元。这一奖励额度相较于美国"告密者法"——《虚假索赔法》给予举报者处罚金额10%至30%的奖金而言可谓"小巫见大巫"。[①]

四、监管规则的不足

（一）投资流向引导规则不足

我国保险资金投资范围及领域伴随着社会主义市场经济体制的

---

① 靳羽.资管行业金融风险溯源与监管革新——资管新规核心政策解读与审视[J].新金融，2019（2）：36-43.

完善而不断拓宽，虽然监管部门多次强调鼓励并支持保险资金投向服务国家战略和实体经济的"一带一路"倡议/建议、"脱贫攻坚"、城镇化建设、制造业升级、地方债务及产能过剩化解等领域，但对于保险资金最终流向的调控和引导长期以来缺乏诸如环境、社会责任和公司治理（ESG）评估体系的规则指引，不利于保险资金流向和流量的调控。ESG作为国际通行的投融资理念，是绿色金融管理的重要支柱。保险资金的长久期与外部性特征与ESG领域高度契合——寿险资金长久期与大体量与"双碳"目标投资相匹配，财产资金的外生性与绿色低碳投资的外部性相匹配，如低碳投资有助于缓解空气污染导致的健康受损，从而减少健康险的赔付，降低负债端成本，变相增加投资收益。[①] ESG投资的最大优势在于其具有跨经济周期的特性，且保险资金对高ESG公司的增持不会牺牲当期的股票超额收益率，反而能够提供更高的股票超额收益率。[②]

目前我国专门针对ESG的法律法规还不完善。近年来，保险资管监管体系在ESG可持续投资方面进行着有益的探索，如《关于保险资金财务性股权投资有关事项的通知》中明确保险资金禁止投向不符合国家"双碳"目标的高污染、高耗能产业。2022年6月，银保监会发布的《关于印发银行业保险业绿色金融指引的通知》(《绿色金融指引》)提出要加大对绿色、低碳、循环经济的支持，防范ESG风险，提升自身的ESG表现，助力污染防治攻坚，有序推进"双

[①] 方海平.人保资产总裁曾北川：保险资金特性与绿色投资高度契合[N].21世纪经济报道，2021-09-10（8）.

[②] 金缦.保险资金的高ESG投资偏好研究——基于公司长期价值投资路径分析[J].金融与经济，2021（11）：14-24.

碳"工作。《绿色金融指引》的发布在一定程度上填补了保险资金投资引导规则的部分空白，但包括ESG投资指引、评价指引与信息披露指引在内的整个ESG投资监管体系的完善需要时间，未来在建设ESG投资评价体系及监管规则的同时可以逐步放松对ESG投资领域的限制，包括保险资金在碳排放权交易市场的参与，并且可以与国家产业政策相协调，依据保险资金最终流向的产业设定不同等级的投资比例、偿付能力监管标准，放松对鼓励类产业投资的监管，强化对限制类产业投资的监管。当然在放宽ESG投资领域前端的同时也要加强后端的监管，防范保险资金假"绿色金融创新"之名，行通道业务之实。

（二）穿透式监管规则不足

穿透式监管的核心原则是"实质重于形式"，核心功能在于事实发现，主要作用在于促进市场透明度的提升。穿透式监管最大的优势在于刺破复杂、混沌、隐匿关系下的真实主体、产品、资金流和嵌套关系，发现复杂股权结构关系下的实际控股股东和实际控制人，发现层叠通道下的实际资金流向，发现产品多层嵌套模式下的真实业务关系。穿透式监管可分为主体穿透、产品穿透与嵌套层级穿透三大类，我国穿透式监管按照穿透对象分为最上层的投资者（资金端）、最底层的最终投向（资产端）以及中间层的业务流程（机构、行为或交易关联）。

在主体穿透方面，现有穿透式监管规则集中在对保险公司控股股东及其实际控制人、关联方、一致行动人的穿透识别和认定上[①]。在产品穿透方面，包括《资管新规》在内的现有穿透式监管规则主要识别多层嵌套资管产品，通过实行穿透式监管，对资产层进行穿透识别出最终投资者，对中间环节进行穿透识别出多层嵌套，对资金流向穿透识别出产品属性。在嵌套层级穿透方面，监管部门重点对关联交易实施穿透式监管，识别保险公司与关联方之间的关联交易，防范违规关联交易风险。如《关于进一步加强保险公司关联交易管理有关事项的通知》（2017）中明确对保险公司关联方及关联交易实施穿透监管；《银行保险机构关联交易管理办法》（2022）明确穿透识别、认定、管理关联交易及计算关联交易金额；《关于加强保险机构资金运用关联交易监管工作的通知》（2022）则明确针对保险机构资金运用关联交易实施穿透监管，重点穿透识别银行存款、未上市企业股权、私募股权投资基金、信托计划等业务领域向关联方或关联方指定方违规提供融资、质押担保、输送利益、转移资产的行为。

目前，我国穿透式监管存在监管规则不完善、监管边界不清晰、监管技术不充分等问题。在监管规则上，穿透式监管理念在我国资管业务监管实践中已形成共识，但与国际金融实践一样，穿透式监管更多体现为一种监管原则，强调以实质重于形式的原则进行穿透式审查，并未深入发掘穿透式监管的工具价值，未形成具体的

[①]《保险公司股权管理办法》（2018）对保险公司股东及其实际控制人、关联方、一致行动人进行实质认定；《保险机构大股东行为监管办法（试行）》（2021）对银行保险机构大股东实施穿透监管和审查；《保险集团公司监督管理办法》（2021）对保险集团公司实行全面、持续、穿透的监督管理。

规则指引,仅在偿付能力监管规则中与市场风险和信用风险的计量结合①。在监管边界上,由于穿透式监管规则的缺失,监管部门拥有较大的自由裁量权,自由裁量权的滥用可能侵害市场主体的利益。在监管技术上,数字化监管能力建设较为薄弱,难以应对金融科技创新产生的"算法面纱"和"代码迷雾"。

(三)偿付能力监管规则不足

作为规模导向的偿付能力监管制度,"偿一代"采用最低资本衡量保险公司偿付能力的指标关联了保险公司业务规模,但未能与保险公司业务结构、承保质量及风险管理相关联,无法真实、全面反映出保险公司面临的各类风险,无法充分体现保险公司的真实价值,以至我国保险公司在"偿一代"时期主要关注规模效应,而对资产管理有所忽视,风险及资本管理方法也较为落后,与发达国家保险公司偿付能力监管体系相比无任何优势②。

为打造一套既与国际接轨、又与我国保险业发展相适应的偿付能力监管制度,原保监会于2012年3月启动"偿二代"工程,2013年《中国第二代偿付能力监管制度体系整体框架》提出构建"三支柱"监管体系:定量资本要求、定性监管要求和市场约束机制,2015年《保险公司偿付能力监管规则》(规则Ⅰ)正式出台,"偿二代"17项监管规则基本成型。为补齐监管制度短板,防范和化解保险业风险,

---

① 《保险公司偿付能力监管规则第7号:市场风险和信用风险的穿透计量》要求保险公司应当遵循应穿尽穿原则,对所有非基础资产进行穿透,计量其最低资本。

② 周桦,张娟.偿付能力监管制度改革与保险公司成本效率——基于中国财险市场的经验数据[J].金融研究,2017(4):128-142.

保障保险市场安全稳定运行，"偿二代"二期工程于2017年9月启动建设，2021年12月30日，银保监会正式发布《保险公司偿付能力监管规则（Ⅱ）》(《规则Ⅱ》)。

根据《中国银保监会关于2021年保险业偿付能力监管工作情况的通报》，《规则Ⅱ》相较于《规则Ⅰ》的改进主要体现在四个方面：一是实施穿透式监管，提高长期股权投资和房地产投资的资本要求，防止资本无序扩张；二是通过降低服务国家战略与ESG领域投资资产的资本要求，增强保险业服务实体经济的能力；三是通过修订保险风险、市场风险、信用风险的最低资本计量标准，增强监管指标的风险敏感性和有效性；四是完善偿付能力风险管理要求及新增资本规划要求，促进保险公司风险管理能力的提升。

"偿二代"相较于"偿一代"取得了长足的进步，保险公司偿付能力监管制度更加完善。当然"偿二代"也存在一些不足，如对保险业系统性风险的监管有限，偿付能力监管现场检查不足、数据稽核不力等，对偿付能力充足率的精准性及"偿二代"监管效果的发挥有一定影响。由于"偿二代"监管《规则Ⅱ》实施时间尚短，《规则Ⅱ》的实施效果及不足需要继续观察。

第四章

域外保险资产管理业务的法律监管制度

第四章

国外保险公司营业的法律监督制度

根据波士顿咨询发布的《2021年全球资产管理报告》，截至2020年年底，包括保险公司资产在内的全球管理资产规模（AuM）达103万亿美元，首次突破100万亿美元大关。亚太地区整体实现两位数增长（11%），达到22.5万亿美元规模，中国作为全球第二大资产管理市场，资产管理规模达到9.4万亿美元，占全球份额的9.1%，占亚太地区份额的41.8%。对体量如此庞大的保险资产进行管理，不仅需要保险资管公司的专业化、集中化、规范化运作，更需要行之有效的保险资产管理监管制度。通过比较美国、英国、日本、新加坡等域外发达经济体保险业及保险资产管理业的监管制度，能为我国保险资产管理监管制度的完善提供有益的经验借鉴。

第一节 主要国家的监管制度

一、美国监管制度

美国是当今世界第一保险大国，也是保险强国，拥有高度发达的保险市场、健全的保险法律制度以及相对成熟的保险监管体系。美国也是全球最大的资产管理市场，根据波士顿咨询发布的《2021年全球资产管理报告》，截至2020年年底，美国主导的北美资产管理市场增速达到12%，总量达49万亿美元，占全球资产管理规模的47.6%。

(一)美国保险监管发展历程

1. 州政府严格监管(19世纪40年代至20世纪60年代)

美国保险业历史上一直由州政府监管。19世纪40年代之前,保险业务主要受保险公司章程、州成文法和法院司法裁决规制,亦无事实上的监管机构。1837年,马萨诸塞州颁布了第一部要求保险公司保持准备金的法律。1851年新罕布什尔州成立了第一家保险监管机构——保险委员会。1859年,纽约州成立了州保险监管部门,对本州范围的保险业务进行全面监管。

随着保险业的发展,美国跨州经营保险公司越来越多,州政府各自为政的监管方式以及各州地方保护主义阻碍了跨州保险公司业务的正常开展,保险公司强烈要求联邦政府取代州政府成为保险业监管主体,但1869年保罗诉弗吉尼亚案件(Paul v.Virginia)裁决终结了这一诉求——最高法院裁定保险不是商业,州政府监管保险业并不违反美国宪法。考虑到各州立法方面的差异,为增强各州保险法规的统一性及保险政策的协同性,1871年全美保险监督官协会(NAIC)宣告成立。NAIC虽然是非政府组织,但其成员均为各州保险监督官,NAIC在协调各州保险监督法律体系及政策执行方面起到重要的作用,在一定程度上代替了联盟政府的角色,因而NACI的成立奠定了美国保险监管的基本框架。

1929—1933年的经济大萧条促使美国政府对包括保险业在内的资本市场实行更为严格的监管。1933年颁布的《格拉斯-斯蒂格尔法》(Glass-Steagall Banking Act)确立了银行、证券、保险分业经营的格局,美国联邦储备保险公司的建立亦源于此法案。1945年,美国国会通过了《麦卡伦-弗格森法案》(McCarran-Ferguson Act),该法案强调州政府对保险业务的监管符合公共利益,明确州政府在保险业监管体系中的主体作用,促使各州加强本州保险市场的监管,强化对保险费率及资金运用情况的规制,并且建立信息披露制度,提升保险市场信息透明度,避免恶性竞争。《麦卡伦-弗格森法案》虽然确立了州政府的监管权,但联邦政府争夺保险业监管权的行动仍未停止。20世纪70年代中期,由于财产险和意外险保险公司面临偿付能力问题,美国国会提议建立双重选择的联邦监管计划,即保险公司可以选择是否加入联邦监管体系,该提案后被否决。20世纪80年代保险公司破产潮再次引发对联邦保险监管体系的讨论,包括针对州和联邦双重保险偿付能力监管体系新立法的提议。

2. 放松监管与加强偿付能力监管(20世纪60年代—21世纪初)

为增强本州保险公司的市场竞争力,各州保险监管机构陆续放松对保险费率及保险险种的管制,各保险公司借机加强保险险种的创新,美国保险市场重新恢复活力,但管制的放松意味着竞争的加剧以及风险的积聚。竞争压力与利润追求促使大批保险公司激进投资,最终因偿付能力不足而陆续破产。从1975年至1990年,140多家寿险公司因资金不足无法赔付而陆续倒闭。1985年,美生保险集团因偿付能力不足而宣布破产。[①]

20世纪80年代末美国保险公司"破产潮"引起美国保险监管机构的重视,联邦政府对州一级偿付能力监管水准提出批评和质疑。

---

① 崔冬初. 美国保险监管制度研究 [D]. 吉林大学, 2010.

"破产潮"也引起 NAIC 对保险公司偿付能力的重视。NAIC 先是制定了《1992 年联邦偿付能力保障法》,1992 年联邦偿付能力保障法(Federal Deposit Insurance Corporation Improvement Act,缩写 FDICIA)于 1992 年 12 月 19 日颁布。此法案旨在加强联邦存款保险公司(Federal Deposit Insurance Corporation,简称 FDIC)对银行业的监管能力和偿付能力,以及促进银行业的健康发展。它也规定了银行在资本充足方面的最低要求,并强化了对储户和债券持有者的保护。即通过设立保险保障公司对保险公司资产进行整顿与清算,后于 1994 年建立风险基础资本要求(Risk-Based Capital,RBC),即通过公司规模和风险状况评估风险资本比例,并针对风险资本比例采取不同的监管措施。RBC 标准充分考虑了保险公司的承保风险和投资风险,相较于标准出台前的最低偿付能力监管,NAIC 制定的 RBC 标准完善了偿付能力监管规则。[①] 1999 年,美国国会通过了《格雷姆-里奇-比利雷法》(Gramm-Leach-Bliley),该法案突破了保险公司设立分支机构的限制,允许银行控股子公司从事保险业务,不受州政府监管。

3. 完善偿付能力监管体系(21 世纪初至今)

进入 21 世纪后,美国保险监管制度面临的考验更加严峻,最大的威胁在于资本市场层出不穷的金融创新对现行监管体系造成的冲击。复杂金融创新模糊了产品性质,同时将风险在行业间传递和积聚。2008 年国际金融危机时期,美国国际保险集团(AIG)等保险公司的倒闭暴露出保险监管机构缺乏有效识别潜在风险因素并及时

---

① 高春燕. 美国寿险业的发展特征及启示——基于保险监管的视角 [J]. 西南金融,2020(9):59-68.

处置危机事件的能力。危机过后，美国国会通过了《多德－弗兰克华尔街改革和消费者保护法》(《多德－弗兰克法》，Dodd-Frank Wall Street Reform and Consumer Protection Act)，该法案被誉为20世纪30年代经济大萧条以来最全面的金融监管改革法案，对保险业具有重大影响，其改革措施包括：成立隶属于美国财政部的美国联邦保险局（FIO），负责研究和收集有关保险业和州保险监管体系的信息，并起草拟定联邦保险监管框架；建立金融稳定监督委员会（FSOC），负责监督涵盖保险业在内的金融服务市场，识别影响国家金融稳定的风险因素，有权要求州保险监管机构针对保险公司制定更高的财务标准，可以推荐"大到不能倒"的"非银行金融公司"（在某些情况下包括保险公司），由美联储对其实施监管。

美国当前由州政府监管的体系过于复杂、不利于跨区域竞争，未来美国保险制度的改革，核心在于如何统筹州政府和联邦政府的监管力量：一是建立双重（联邦/州）特许制度，类似于银行业的双重监管制度，允许保险公司在州政府监管制度和国家监管制度之间进行选择；二是构建国家监管体系，建立市场行为、许可、新产品备案和再保险等领域的统一标准。

（二）美国保险资产监管主要特点

1."三个主体"与"两种监管"

美国保险资产监管的典型特征是"三个主体""两种监管"：三个主体即美国各州保险监管局、全美保险监督官协会（NAIC）和联邦保险办公室（FIO）三大监管主体，两种监管即双重监管与协同监管。双重监管即以州政府监管为主、联邦政府监管为辅的监管体制。州一级保险监管局作为保险业监管的主体,负责对各州保险公司的偿付能力和市场行为实施监管,联邦政府则主要负责宏观审慎监管。美国保险业监管在历史上一直是以州政府监管为主,联邦政府的参与是随着保险公司的跨州经营而开始的,1945年《麦卡伦-弗格森法案》明确规定由联邦政府负责监管各州不监管的区域。2008年国际金融危机暴露出混业监管存在盲区的问题,2010年联邦政府设立联邦保险办公室(FIO)作为联邦保险监管机构。联邦监管的补充促进了美国保险业的发展。

在政府双重监管之外,全美保险监督官协会(NAIC)在监管立法和偿付能力监管上发挥着重要作用。有趣的是,美国权力最大的保险监管机构并非州政府保险监管局或者是联邦保险办公室,而是一家私人非营利公司——全美保险监督官协会(NAIC)。[①] NAIC的权力体现在保险监管手册与指南的制定与发布上,这些手册或指南被各州保险法所援引从而产生法律效力。最为关键的是,NAIC新建或者修订保险监管手册及指南不受任何法律约束或司法审查,而这项权力本身应当属于州一级立法机构。各州保险监管立法权在20世纪80年代保险公司破产潮时通过遵从NAIC制定的标准而实现让渡。因此,NAIC业已成为美国保险监管机构之一,其重要性并不亚于联邦政府监管部门。

---

① Schwarcz D. Is US insurance regulation unconstitutional[J]. Conn. Ins. LJ, 2018, 25:191.

2. 以风险资本要求为核心的偿付能力监管

美国的偿付能力监管体系以风险资本要求为核心。20世纪90年代初，NAIC借鉴巴塞尔协议针对银行风险监管的方法开发了保险业风险资金标准（RBC），监管部门根据风险资本标准对应等级采取相应的监管措施。这些措施包括：根据保险公司提交的年度财务报告评估保险公司偿付能力；检查保险公司准备金和资本金，确保满足未来赔付需要；设定大类保险资产投资的比例要求，遏制保险资管公司激进投资，同时要求保险资管公司持续监测现金流，保证保险资产流动性充裕；严格限制保险资金的转移，超限转移需经保险监管部门许可。

与美国保险监管体制相同，美国偿付能力监管同样实行州一级偿付能力监管与联邦层面偿付能力监管的双重监管制度。联邦层面的偿付能力监管由NAIC负责，各州保险法规均援引并适用NAIC制定的偿付能力规则和标准，个别未接受认证的州也被迫适用NAIC规则和标准，因为未接受NAIC认证的州，其辖区内的保险公司在其他州开展保险业务时将受到偿付能力审查，保险公司为降低监管成本将会直接在其他州注册公司，这一举动会造成本地税收和就业机会的流失，这是保险公司所在州政府不愿看到的，因此各州陆续接受NAIC标准，NAIC标准也逐渐成为全美公认标准。

3. 保险投资的"谨慎标准"与"鸽笼式"监管方式

涉及保险资产管理监管的示范法规主要包括1996年制定的《保险公司投资示范法》（规定限制版）与1997年制定的《保险公司投资示范法》（规定标准版）。"规定限制版"明确了不同投资形式的质量要求和数量限额，确立了"鸽笼式"投资监管方式，既规定细分投资类别的投资质量，也允许有限的多种投资形式，保持一定的灵活性；"规定标准版"确立了保险投资的"谨慎标准"原则，即保险投资金额超过其负债与最低资本金和盈余的总额则必须投资于指定的范围。[1]

二、英国监管制度

英国保险业是欧洲最大、世界第三大保险业。保险业作为英国的出口支柱产业，对英国乃至全球经济发展都具有举足轻重的影响。英国也是欧洲最大的资产管理市场，根据波士顿咨询发布的《2021年全球资产管理报告》，在脱欧后不确定因素和新冠疫情冲击的双重影响下，英国2020年管理资产规模以10%的速度增长，总额超6万亿美元，占欧洲地区管理资产规模的24%。

（一）英国保险监管发展历程

1. 自治阶段（20世纪70年代以前）

英国过去150多年的历史中，政府始终避免对保险业进行直接监管和干预，即使因人寿保险欺诈和破产风波催生强化保险市场监管的1870年《人寿保险公司法》出台，也未动摇英国政府对保险业所秉持的自由放任监管理念。到20世纪下半叶，英国市场监管仍以

---

[1] 祝杰. 我国保险资金运用法律规则的审视与优化[J]. 当代法学, 2013（5）: 86-93.

"自由和公开"原则为基础,由保险公司及自律组织实施自我监管。这一宽松的监管模式直到二十世纪六七十年代才发生根本改变。

2. 监管探索阶段（20世纪70至90年代）

20世纪六七十年代英国汽车保有量迅速增加,交通安全事故逐年增长,保险公司陆续涌入汽车保险市场,加剧汽车保险市场的竞争,导致汽车保险费持续下降,部分汽车保险公司在残酷的竞争中倒闭。汽车保险公司的倒闭使得众多投保人无法获得偿付,这一偿付能力危机催生了1974年《保险公司法》的出台,该法案授权英国贸易与工业部对保险公司实施监督。此外1975年政府制定了《保单持有人保护法》,规定保单持有人在非寿险保单下享有90%的承诺利益。

3. 现代化监管阶段（21世纪前20年）

英国金融监管在进入21世纪后逐步转向现代化监管阶段,这一转变的标志性事件是1997年金融服务局（Financial Services Authority, FSA）的成立。FSA负责统一监管人寿与非人寿保险、银行以及中介机构。2000年颁布的《金融服务和市场法》赋予金融服务局更广泛的权力,FSA在维护金融秩序、保护消费者和预防金融犯罪等方面发挥着重要的作用。但由于未能有效应对2007年的银行危机,FSA最终于2012年被拆分为两大监管机构,即专注于审慎监管的审慎监管局（Prudential Regulation Authority, PRA）与专注于市场行为的金融行为监管局（Financial Conduct Authority, FCA）。

4. 监管大调整阶段（2020年之后）

当前英国金融监管体制面临的最大转变莫过于脱欧计划。2019

年6月，英国政府启动了一项评估，评估金融服务监管框架是否在英国脱欧之后仍适用。2020年1月31日，英国正式退出欧盟。英国脱欧一方面在金融监管风格上将倾向于回归宽松的监管环境，另一方面则会针对本国国情和实际需求，对《欧盟保险偿付能力标准Ⅱ》进行改革。金融行为监管局（FCA）已启动了转型计划，这项计划将消费者保护置于核心，打造"更自信、更创新、更适应环境"的监管机构。也有研究认为，英国摆脱欧盟的监管模式后或将转向温和的新加坡模式。[1]

（二）英国保险资产监管的主要特点

1. 保险资管业务较为自由

英国保险业监管体制以自由化与行业自律闻名，英国保险监管部门对保险资管业务未加以严格限制，因此保险资金运用的范围非常广泛，涵盖债券、股票、基金、不动产、境外投资、创业投资及金融衍生品等品种。保险资管产品丰富多样，包括金融资产与实物资产、金融市场工具与货币市场工具、证券类资产与非债权资产、公开发行证券与私募证券。但当保险投资影响到偿付能力时，保险资金运用需要受到限制，如1982年英国《保险公司法》明确自有资金使用不受任何限制，只有当保险公司偿付能力不足时，自有资金的运用与负债资金同等对待。[2]

---

[1] Ian Emond, * Tereza Kunertová, European Union Regulation of Insurance Industry in the Aftermath of The Financial Crisis, The Lawyer Quarterly, Vol 9, No 2(2019)PP140-149.

[2] 祝杰. 我国保险资金运用法律规则的审视与优化[J]. 当代法学, 2013（5）：86-93.

2. 从统合监管到双峰监管

英国是第一个建立统合监管模式的国家。《金融服务和市场法》（2000年）规定由金融服务局（FSA）统一监管银行、保险和证券业，一方面负责金融产品营销和金融服务行为的监管，另一方面负责金融安全和稳健性的审慎监管。英国的统合监管模式也被称为"统一监管"模式或"超级监管者"模式。2008年金融危机期间发生的北岩（Northern Rock）银行事件暴露出统合监管模式的弊端，故英国在2013年后转向"双峰监管"模式。

双峰监管（Twin Peaks）根据防范金融机构破产与实现金融消费者保护的不同监管目标将金融监管分为审慎监管和金融行为监管。英国并非该模式的首创，澳大利亚是第一个实行该监管模式的国家（1997年实施）。紧随其后，荷兰于2002年也采用了该监管模式。[①] 英国在荷兰模式的基础上，根据监管目标的不同将原先的统合监管功能拆分成审慎监管和行为监管，由审慎监管局（PRA）负责易诱发系统性风险金融机构的监管，由金融行为监管局（FCA）负责金融机构的市场行为监管和消费者保护，并对审慎监管局职责之外的金融机构实施审慎监管。

三、日本监管制度

日本是世界上保险业最发达的国家之一，同时也是亚太地区重

[①] 黄辉.中国金融监管体制改革的逻辑与路径：国际经验与本土选择[J].法学家，2019（5）：124-137，194-195.

要的保险资产管理市场。根据波士顿咨询发布的《2021年全球资产管理报告》，2020年亚太地区资产管理规模达22.5万亿元，日本和澳大利亚管理资产规模为8.5万亿元，占亚太地区总规模的37.8%。

（一）日本保险监管发展历程

1. 传统监管模式时期（第二次世界大战后至20世纪80年代）

日本保险监管历史悠久。1890年《商法典》中已有关于保险监管的条文，1900年正式制定《保险业法》，1939年修订的《保险业法》确定大藏省（财政部门）作为保险监管机构，大藏省对保险公司的监管采用基础文件许可的方式，监管范围涉及保险费率、资产运用等方面。第二次世界大战中日本政府大力扶植保险业，通过保险业吸纳资金的优势来充裕战争资金。日本战败后，基于保险业对经济发展的重要作用，政府基于价格管控设计出了战后型保险系统。战后型保险系统摒弃了"市场决定价格"的机制，将重心放在行业保护和市场竞争的限制上。此外，由于监管机构的过度保护以及保险公司之间的互济默契，因而战后型保险系统并未建立财务健全的监管制度，亦未建立起偿付能力基准制度。

2. 监管模式改革时期（20世纪80年代中期至20世纪90年代末）

战后型保险系统因其稳定性高且运行机制顺畅而备受赞誉。随着日本战后经济的高速发展以及20世纪80年代金融自由化、国际化的影响，战后型保险系统难以适应快速发展的保险市场。1990—1991年日本泡沫经济崩坏，利率降低、保费负增长、保险公司资产贬值，保险公司经营陷入危机，战后型保险系统运转失灵。在此背景下，日本着手开展保险自由化的改革，建立以偿付能力、公司治理和市场行为为监管重点的现代监管体系。

由于日本战后始终实行严格的保险监管模式，因此1996年4月《保险业法》的修订与实施成为日本保险监管模式的重大变革，日本保险监管自此转向保险自由化，这一转变被日本学界称为"激变"。同年，日本实施的金融监管改革打破了分业经营壁垒，进一步拓宽保险资金运用范围，强调保险业的自由竞争。日本保险自由化之后，保险公司无法再享受到政府的直接保护，日本保险业保费负增长、高退保率、高不良资产率、低信誉等问题丛生，并且随着亚洲金融危机的爆发而陷入危机状态。1997年4月，日本生命保险公司因未能防范泡沫经济引发的利差损风险而宣告破产，日本战后"保险公司不会破产"的神话就此终结。

3. 监管模式稳定时期（20世纪90年代末至今）

1998年日本制定了《金融系统改革法》，保险费率进一步放宽，同一时期日本《银行法》《证券交易法》《保险业法》陆续修订，保险公司的子公司范围从生命保险公司拓宽至证券公司和银行等，保险公司可以自由进入其他金融业务，这为保险公司成为综合性金融机构提供了契机。

1996年之前，日本实行分业监管，由日本金融监管部门大藏省内设的证券局、银行局以及银行局下设的保险部分别对证券业、银行业、保险业实行监管。大藏省集金融行政权与金融监管权于一身，而权力集中的大藏省并未带来高效与规范[①]，而是滋生了低效、腐败、不透明以及过度干预，终因对日本泡沫经济引发的银行危机应对不力而成为改革重组的对象。1998年6月，大藏省金融监管权被剥离，由新设的金融监管厅接管。同年12月，日本成立金融重建委员会。2000年7月，日本金融厅重组，大藏省的金融政策制定权划入金融厅。金融厅取代大藏省集金融监管权与金融政策制定权于一身，负责监管金融机构、维护金融市场稳定、保护金融消费者的合法权益。

日本金融监管体制改革后，尽管存在许多问题和弊病，但总体上是富有成效的，金融体系的市场化程度有所提升，抵御风险的能力有所增强。2001—2008年日本金融机构不良债权比率呈现出逐年下降趋势，2008年下降到了2%左右。[②]此外，日本金融机构在2008年国际金融危机中受到的冲击较小，经受住了危机的考验。

（二）日本保险资产监管主要特点

1. 严格监管保险资金运用

日本《保险业法》对保险投资方式与比例作出了严格限定。1998年12月，保险资金运用范围扩大至期货交易及信托产品的销售投资等。贷款长期以来是日本最受欢迎的资金运用渠道，日元升值

[①] 陶涛.大藏省改革和日本金融监管体系的完善[J].北京大学学报（哲学社会科学版），2000（1）：60-67.

[②] 赵玉婷，李云静.日本的金融监管体制改革及对中国的启示[J].税务与经济，2018（5）：48-53.

且利率降低后，日本保险公司扩大海外投资规模，主要投资美元证券。2008年全球金融危机后，日本保险资金配置发生变化，贷款和股票的比重下降，债券和存款的比重上升。

保险资金投资监管方面，随着日本老龄化社会的进程加快，日本保险业掌握着大量资产。基于这一背景，日本监管部门对日本保险机构实施资产投资的范围、集中度等监管限制。以1996年修订的《保险业法》为例，《保险业法》规定国内股票投资占比不超过30%，不动产投资总额占比不超过20%，外汇计价资产投资占比不超过30%，以购买有价证券、不动产等信托以外形式运用的资金，占比不超过30%。日本对于保险业实施高度集中、统一监管的模式，其严格程度仅次于美国。

2. 偿付能力基准制度与早期修正制度的引入

日本保险自由化加剧了保险市场竞争剧烈程度，许多保险公司因此濒临或陷入破产，损害了保险消费者权益。为保障保险公司财务健全性，日本通过修订《保险业法》努力平衡保险自由化与监管强化之间的关系，并于1996年和1998年分别建立偿付能力基准制度与早期修正制度。偿付能力基准制度用于识别保险公司经营风险并及时预警，早期修正制度则是偿付能力基准的具体运用，根据偿付能力比例采用相应的措施。实践中偿付能力基准的计算存在缺陷，不能如实反映风险程度，因此早期修正制度直到2007年偿付能力基准改良后才普遍施行。

四、新加坡监管制度

新加坡保险市场高度发达，市场主体众多，作为亚洲重要的金融和航运中心，外资保险公司将新加坡作为区域中心辐射东南亚。新加坡保险业不仅发达完善，更以审慎而有效的监管闻名于世。

（一）新加坡保险监管发展历程

新加坡作为亚洲资产管理中心，近10年来资产管理总规模始终保持较快增长。新加坡金融管理局（Monetary Authority of Singapore，MAS）作为新加坡保险监管机构成立于1971年，是新加坡实质上的中央银行，同时也是负责保险业在内的金融机构主管部门。2004年，新加坡金融监管局发布《保险（估值与资本）监管条例》，正式建立风险基础资本（Risk-Based Capital，RBC）监管体系，RBC按照保险公司资产负债风险情况计算最低资本要求，最低资本要求即偿付能力充足率低于120%的公司需要提交偿付能力改善计划。同时，金融监管局实行"一企一策"监管方案，即每年评估各保险公司的业务风险状况，并针对每家保险公司设定相应的偿付能力监管目标。自2012年起，新加坡金融监管局开始对RBC 2004监管体系进行检视和完善，研究偿付能力监管框架的改革方案，启动新加坡第二代风险基础资本监管规则项目，并且开展多轮监管咨询及三轮量化测试，引入国际保险前沿监管理念，最终于2020年1月1日开始正式实施 RBC2 监管规则。[①]

(二)新加坡保险资产监管的主要特点

1. 持续完善以偿付能力监管为核心的监管规则

第一代风险基础资本（Risk-Based Capital，RBC1）监管规则由新加坡金融监管局 2004 年 8 月发布的《保险（估值与资本）监管条件》所确立。2013 年，新加坡金融监管局启动第二代风险基础资本（Risk-Based Capital，RBC2）监管规则项目，历经 7 年升级改造，RBC2 监管规则自 2020 年起正式施行。RBC2 相较于 RBC1 的主要变化体现在监管制度适用对象和监管规则量化框架两个方面。RBC2 监管规则有效消除了 RBC1 监管规则中存在的缺陷，更加符合当前新加坡保险行业的风险现状。

2. 实行统一的功能监管模式

为便于金融监管的统筹协调，新加坡保险资管业采用统一监管模式，由统一的综合性监管机构——新加坡金融监管局（MAS）负责银行、证券、保险等金融行业的统一监管，并负责资产管理行业的准入和监管。在准入机制上，新加坡资产管理业务实行统一的金融牌照许可，从事金融投资咨询、投资产品销售等业务需办理财务顾问牌照。在产品监管上，新加坡金融监管局在产品分类基础上实施行为监管，将面向多数投资者的"集合投资计划"划分为普通投

[①] 魏飞龙. 新加坡 RBC2 的实施对中国保险业的启示与借鉴——基于国际趋同视角[J]. 现代商业，2021（12）：43-45.

资者、合格投资者和机构投资者三类。①

第二节 域外监管制度的比较分析

一、域外监管制度的共性及特性

一是保险资金投资范围监管宽松，投资比例限制相对严格。不同于我国长期对保险资金运用渠道及方式的严格限制，域外各国对保险公司资金运用基本不加限制，保险投资渠道丰富、保险投资形式多样、保险投资领域广泛，如英国保险公司几乎纳入了债券、股票、共同基金、房地产、海外投资、风险创业投资、金融衍生品等所有品种。②在保险资金投资比例方面，由于保险资金规模普遍比较庞大，保险投资比例决定了保险资金进入资本市场的规模及风险，因此各国普遍对保险资金投资比例实行"方式比例限制"和"主体比例限制"。方式比例限制针对高风险资金运用方式占总资产的比例，主体比例限制针对筹资主体及保险资金运用于每一筹资主体的比例。③当然比例限制的宽严与该国监管体系完善程度有关，如在行业自律较为发达的英国，对资金运用的比例基本上没有限制。新加坡对保险公司的投资亦未设定限额，而是采取以原则为导向的监管。

二是呈现出由分业监管向混业监管转变的发展趋势。美国、英

---

① 巴曙松，王琳.资管行业的功能监管框架：国际经验与中国实践[J].清华金融评论，2018（4）：21-24.
② 祝杰.我国保险资金运用法律规则的审视与优化[J].当代法学，2013（5）：86-93.
③ 同上。

国、日本等域外发达国家的金融监管无一例外地经历了从分类监管到混业监管的嬗变历程。英国在1997年成立了金融服务局（FSA），负责银行、证券和保险业的统一监管，并依据2000年《金融服务和市场法》赋予的权力开启了混业监管；日本在1998年《金融厅设置法》设置金融监督厅和金融再生委员会后实现了对金融业的混业监管；美国则自1933年《格拉斯-斯蒂格尔法》确立了银行、证券、保险分业经营的格局后，经历了长达66年之久的分业监管，直到1999年《金融服务现代化法》的颁布才再次回归混业监管模式。也有学者认为《金融服务现代化法》的出台并未改变美联储、美国证券交易委员会（SEC）和美国商品期货交易委员会（CFTC）在银行、证券和期货上的分业监管态势，不能得出美国金融监管体系已从分业监管转向混业监管的结论。[1]这种观点不无道理，尽管各国为应对金融产品创新对监管体制带来的冲击，普遍实施从分业监管转向混业监管的监管体制改革，但基于银行、保险、证券等金融业各自特点的分业监管基础短期内并不会发生根本动摇。

三是将偿付能力监管作为保险资管监管的重点。偿付能力监管是各国保险业监管的核心，各国对保险资金运用监管的侧重点及规制方式各不相同，但均高度关注保险公司偿付能力指标，并普遍建立了偿付能力监管体系。目前国际上相对成熟的偿付能力监管体系主要是美国的风险资本制度（Risk-Based Capital，RBC）与欧盟的第二代偿付能力监管体系（Solvency Ⅱ）。我国保险业实行的"偿二代"

---

[1] 郑彧. 论金融法下功能监管的分业基础[J]. 清华法学, 2020（3）: 113-128.

监管规则,在监管理念上更偏向于欧盟 Solvency Ⅱ,同时也借鉴了美国 RBC 规则的先进经验。

四是重视系统重要性金融机构监管框架的完善。2008 年国际金融危机发生的原因之一是国际社会忽视对系统重要性金融机构(SIFIs)的宏观审慎监管。危机过后各国相继出台法律强化金融系统的宏观审慎监管框架,其中包含大量针对 SIFIs 的监管措施。如美国 2010 年通过的《多德-弗兰克法》中规定由新组建的金融稳定监督委员会(FSOC)负责监督包括保险业在内的金融服务市场,构建 SIFIs 的监管框架,识别影响国家金融稳定的风险因素,推荐"大到不能倒"的"非银行金融公司"。英国在国际金融危机后进行了金融监管改革,虽然金融监管改革中并未明确提及 SIFIs 的监管,但审慎监管局的监管目标与 SIFIs 监管是一致的。[①]

五是后危机时代以金融消费者保护为中心。2008 年国际金融危机后,各国的金融监管变革均将保护金融消费者置于突出的地位。英、美两国金融保护局的设立,日本 2000 年《金融商品销售法》及 2006 年《金融商品交易法》(2020 年修订后更名为《金融商品服务提供法》)都是强化金融消费者保护的制度安排。英国 2000 年《金融服务和市场法》首次采用"金融消费者"的概念,并对专业与非专业消费者加以区分,强调对非专业消费者的保护,并明确英国金融服务局(FSA)保护金融消费者的职责。2012 年《金融服务法》出台后,由金融行为监管局(FCA)负责促进金融市场竞争以及保

[①] 朱南军,谢丽燕,邓博文. 系统重要性金融机构:国际监管实践与中国金融改革[J]. 贵州财经大学学报,2019(7):60-69.

护金融消费者。美国 1999 年《金融服务现代化法》将"金融消费者"定义为从金融机构购买金融产品或服务的个人，2010 年《多德－弗兰克法》对金融消费者作出更为具体的界定，并设立了消费者金融保护局（CFPB）专司金融消费者保护职能。

二、域外监管制度的利弊分析

（一）偿付能力监管规则逐步完善

域外发达国家偿付能力监管制度普遍经历了逐步完善的过程。偿付能力监管首要在于监管规则的科学有效，例如日本偿付能力基准制度构建初期在计算上存在缺陷，不能如实反映风险程度。现实中绝大多数的保险公司偿付能力均远高于 200% 的健康公司标准却仍然发生了偿付能力危机，尤其是 2008 年日本大和生命保险公司在偿付能力比率超过 600% 的情况下宣告破产[①]，更暴露出偿付能力制度存在的问题。我国"偿二代"制度建设同样是为了弥补"偿一代"制度在监管实践中的不足。

（二）穿透式监管规则应用性不强

穿透式监管在国际监管实践中仍处于探索发展阶段，其在域外发达经济体的法律法规和政策文件中更多体现为一种监管原则或监管方法。穿透监管的概念最初出现于 20 世纪初美国的基金监管实践

---

① 刘慧君，洪泳. 日本寿险业风险管理实践及借鉴[J]. 中国保险，2016（1）：61-64.

中。为应对美国证券投资业部分基金公司恶意规避投资人数限制架空合格投资人的市场乱象，美国在《1940年投资公司法》（Investment Company Act of 1940）中首次规定了"看穿条款"（Look-Through Provision）。①不过穿透式监管很长一段时间内并未得到充分重视，直到2008年国际金融危机爆发后，各国监管部门才陆续运用穿透式监管弥补多层嵌套、监管套利等监管漏洞，穿透监管从对主体的穿透逐步发展到对资金流通环节与产品结构等方面，适用范围也逐步扩大至整个金融行业。

（三）强调功能监管而忽视审慎监管

功能监管理念早在20世纪80年代即出现在美国。20世纪90年代，美国学者哈佛商学院罗伯特·默顿（Robert Merton）提出功能性监管理念②，并最终在1999年《金融服务现代化法》中得以确立，《金融服务现代化法》第二章的章名即为"功能监管"。但功能监管的基础是对金融创新产品的功能性划分，而以规避监管为目标的复杂金融创新往往难以区分其本质功能，因此监管中通常会产生监管不协调的冲突问题，而且功能监管着眼于类型化的产品，而忽略了系统性金融风险，因此功能监管积累的问题最终在2008年次贷危机中集中显现，此后美国及深受国际金融危机冲击的经济体普遍转向宏观审慎监管框架的完善。

---

① 赵宇龙.穿透式监管下的保险业资产风险：监管框架设计与实证发现[J].保险研究，2019（6）：3-14.

② 吴素萍，徐卫宇.功能性金融监管的理论与框架[J].经济导刊，1999（11）：13-18+53.

(四)忽视对金融消费者的保护

域外发达国家在 2008 年国际金融危机爆发前普遍存在忽视金融消费者保护的问题。日本在 20 世纪 90 年代为迅速恢复金融中心的地位而推行了金融"大爆炸"改革,放宽对资管产品和业务的限制,各类资管产品如雨后春笋般充斥于资管市场之中,由于金融消费者保护机制未能同步跟进,因此金融消费者纠纷激增。美国次贷危机的爆发与金融消费者保护缺失有关,奥巴马政府于 2009 年 6 月公布的《金融监管改革新基础:重建金融监管》改革方案认为,监管部门由于历史原因对金融消费者保护的忽视助长了金融机构的市场滥用行为,最终引发了金融危机。[①]危机之后加强金融消费者保护成为了各国共识。

第三节 域外监管制度的启示

一、机构监管和功能监管相结合

机构监管即以金融业务的机构属性为标准划分监管部门,功能监管则是以金融业务的功能属性为标准划分监管部门,两者本质上都属于分业监管,区别在于机构监管以金融机构的身份属性划分,而功能监管以金融业务的功能性质划分。功能监管的倡导者美国哈佛大学教授罗伯特·默顿(Robert Merton)认为功能监管跨产品、跨

[①] 刘贵生,孙天琦,张晓东. 美国金融消费者保护的经验教训 [J]. 金融研究,2010 (1):197-206.

机构、跨市场的协调有助于提升金融监管的连续性和一致性。美国自《1933年银行法》后采用分业监管模式分别监管银行业、证券业和保险业，这种机构监管模式在20世纪80年代遇到了冲击，美国资本市场层出不穷的金融创新消弭了银行、证券和保险之间的界限，对机构监管模式提出了严重挑战。在此背景下，美国1999年通过的《格雷姆-里奇-比利雷法》（Gramm-Leach-Bliley）正式引入功能性金融监管体制，即由州和联邦银行监管者监督银行业务，州和联邦证券监管者统辖证券业务，州保险委员会负责保险经营和销售……将最有经验的监管者置于其最熟悉的金融业务监管领域。[1]不过功能监管的引入并未改变分业监管格局，且由于功能监管存在的诸多监管不协调问题，未能遏制2008年次贷危机。2010年美国《多德-弗兰克法》设立金融稳定监督委员会（FSOC），着重解决金融体系的稳定性问题。

我国自2017年以来的金融监管体制改革，在分业机构监管的基础上引入了功能监管的理念，改革后的"两会"仍然是行业监管机构，类似于美国在不改变原有分业监管模式的基础上引入功能监管的做法。[2]功能监管可以克服机构监管下同一功能金融行为的监管套利问题、实体企业从事金融行为的监管缺位问题（如互联网金融领域）以及金融机构经营活动的人为限制问题。[3]从机构监管转向功能

---

[1] 廖凡.金融市场：机构监管？功能监管？[J].金融市场研究，2012（1）：96-103.

[2] 黄辉.中国金融监管体制改革的逻辑与路径：国际经验与本土选择[J].法学家，2019（3）：124-137，194-195.

[3] 丁俊.功能性金融监管：我国金融监管体制发展的新方向[J].国际金融研究，2001（3）：53-56.

监管最大的优势是快速转变与低成本转型，无需对现有的监管体制进行重大改革。

美国在 20 世纪末引入功能监管的时代背景与当今中国的情势非常类似。我国将机构监管转变到功能监管作为当前的改革策略符合国情。当然，在金融监管改革中不能过分强调功能监管，功能监管也具有自身的局限性，其主要困境在于对金融创新产品认识的不确定性而导致监管失灵。如 P2P 网贷在美国被视为证券产品，归美国证监会监管，而在我国被视为借贷行为，归银监会监管。[①] 因此资产管理行业的监管框架没有最优模式，无论是美国的协调监管模式、英国的双峰监管模式还是新加坡的统一监管模式，均是基于本国资管市场特点和监管目标而进行的优化。

二、金融市场稳定与投资者权益保护并重

金融监管有两大目标，一是通过实施审慎监管防范化解金融系统风险，保障金融机构的稳健经营和金融体系的稳定；二是规范金融机构的过度投机行为，维护金融市场公平，保护金融消费者的合法权益。一方面，2008 年全球性金融风险引起国际社会对金融市场稳定的重视，各国陆续出台法案对监管体制进行改革，防范和化解系统性金融风险。美国、英国分别出台《多德-弗兰克法》和《银行法》，通过设立金融稳定委员会或授权中央银行维护金融稳定。

---

① 黄辉. 中国金融监管体制改革的逻辑与路径：国际经验与本土选择 [J]. 法学家，2019（3）：124-137，194-195.

另一方面，2008年金融危机引起各国对金融消费者保护的重视，加强金融消费者权益保护成为国际共识，并与宏观审慎管理和微观审慎监管共同构成后危机时代国际金融监管改革的三大取向。在2013年2月至5月，世界银行与国际金融消费权益保护组织（FinCoNet）在全球开展的一项调查中，参与调查的114个国家中有112个国家建立了金融消费权益保护法律框架，73%的国家要求金融机构建立消费者投诉处理程序。[1]英、美两国金融保护局的设立以及日本2000年《金融商品销售法》、2006年《金融商品交易法》的出台均是强化金融消费者保护的制度安排。在金融纠纷多元化解机制的构建上，英国、日本设立金融申诉专员服务机构（FOS），金融申诉专员服务制度作为金融纠纷解决制度（ADR）的替代性方案，因其作为第三方机构中立、公平处理纠纷的优势而逐渐成为国际上通过金融纠纷多元化解机制促进金融消费者保护的核心制度，新加坡设立的金融业争议调解中心亦是与FOS相似的机构。[2]

三、宏观审慎监管并关注系统性风险

审慎监管是旨在提高金融机构经营稳健性，防范金融机构个体风险以及系统性风险，维护金融稳定的监管制度，从制度框架上可

---

[1] 焦瑾璞,黄亭亭,汪天都.金融消费权益保护制度建设的国际比较研究[J].金融发展研究,2015(4):3-8.

[2] 杨东.论金融服务统合法体系的构建——从投资者保护到金融消费者保护[J].中国人民大学学报,2013(5):118-127.

以分为宏观审慎监管与微观审慎监管。微观审慎监管主要关注单个金融机构经营风险，宏观审慎监管则以防范化解系统性风险为目的。这一系统性风险在时间维度上表现为金融风险不断累积进而增加金融体系的脆弱性，在结构维度上则表现为金融机构与金融市场之间的关联性风险。相应地，宏观审慎监管在时间维度上主要通过运用逆周期资本缓冲、附加资本要求、动态拨备要求、杠杆率、贷款价值比、贷款收入比等工具建立金融机构的风险缓冲带，抵御金融周期性波动的不良冲击，而在结构维度上则以系统重要性金融机构（SIFIs）及金融体系关联度为主要关注点，相应的防控工具包括识别及监管SIFIs、制订恢复和处置计划、要求场外衍生品集中清算等。

"宏观审慎"的概念虽然发轫于20世纪70年代，但直到国际金融危机后才受到国际社会普遍重视。2008年金融危机表明任何"大到不能倒"的金融机构（包括保险公司）都有可能引发系统性危机。国际社会吸取了2008年国际金融危机过度关注单个金融机构风险而对系统性风险有所忽视的教训，在金融监管上更加注重宏观审慎管理及系统性金融风险的防控。

目前国际社会广泛施行的宏观审慎管理核心标准包括《巴塞尔协议Ⅲ》的部分标准、《有效金融机构处置机制核心要素》以及《全球系统重要性银行认定及损失吸收能力》等文件。国际保险监督官协会（IAIS）在2011年修订《保险核心原则》时引入"宏观审慎监测"理念，2015年修订时保留"宏观审慎监测和保险监管"原则，要求保险监管部门对可能影响保险公司、保险市场的宏观因素加以识别、监测及分析。国际货币基金组织（IMF）、国际清算银行（BIS）以及金融稳定委员会（FSB）于 2016 年联合发布的《有效宏观审慎政策要素：国际经验与教训》提出了宏观审慎监管的有益经验，包括将宏观审慎监管职能赋予某一决策机构，并明确该决策机构的政策目标和职权。这涉及到监管机构的激励和约束问题，对系统性风险的监管机构赋予一定的自由裁量权有助于有效识别系统性风险的演变并及时选择政策工具，但自由裁量权的赋予也为利益集团运作提供了空间。我国独特的政治体制对设置宏观审慎监管机构以有效识别系统性金融风险的要求更为迫切。

四、强化监管协调及提高资管业透明度

（一）强化部门间监管协调，提升监管协调力

金融分业监管的弊端随着资产管理行业的发展而逐步显现：一是分业监管难以适应层出不穷的金融创新活动，尤其是面对新兴资管产品对监管体系的冲击；二是分业监管体制下监管部门基于本部门利益而对监管限制的过度放松为监管套利活动提供了空间；三是分业监管体制下监管规则之间的扞格与抵牾加剧了资管市场的不公平竞争，为监管套利活动提供了土壤。需要说明的是，分业监管失灵并非源于分业监管模式自身，而是源于分业监管模式下机构监管协调机制的僵化以及功能监管理念的缺失。因此，简单地将分业监管机构合并为统一的金融监管机构并不能从根本上解决问题，统一的混业监管虽然有助于解决分业监管模式下的监管重叠与监管空白问题，但倘若不能建立有效的部门间协同机制与健全的宏观审慎政

策框架,则统一监管并不能有效提升系统性风险的防控能力。

以英国为例,一方面,英国是第一个实行统一金融监管的国家,1998年《英格兰银行法》和2000年《金融服务与市场法》的出台取消了英格兰银行的监管权,成立了统一监管机构——金融服务局(FSA),确立了混业监管的"三方体系",即由财政部负责确立金融监管框架及立法,英格兰银行负责制定货币政策并维护金融稳定,金融服务局对金融机构实行统一监管。然而2007年次贷危机时期发生的北岩银行事件暴露出"三方体系"下监管机构与央行缺乏高效协作、监管机构缺乏宏观审慎视角及系统性风险预判能力的弊端,最终促使英国金融监管转向"双峰监管"模式。2009年7月,英国对"三方体系"进行改革,撤销金融服务局(FSA),将其拆分为审慎监管局(PRA)和金融行为监管局(FCA),审慎监管局和金融行为监管局均接受英格兰银行指导,形成准"双峰"模式。另一方面,在英格兰银行内设金融政策委员会,负责制定宏观审慎政策,识别、监控并采取措施消除或减少系统性风险,并对审慎监管局和金融行为监管局进行工作指导,集宏观审慎监管权于一体的英格兰银行成为了名副其实的"超级央行",这一超级机构推动了货币政策、宏观审慎政策与微观审慎监管的协调配合,以至"双峰"监管被视为未来最理想的金融监管模式。

(二)健全信息披露机制,提高业务透明度

企业信息披露对行业监管、企业自身的稳定以及市场的良性发展具有不可替代的作用。研究表明,保险公司信息披露水平越高,

其偿付能力越强,对投保人利益保护效果越好,强制性信息披露水平对偿付能力有显著的正向促进作用①,这一结论同样适用于保险资管公司。我国保险资管产品一定程度上存在资产端不透明、缺乏市场公允估值、缺乏流动性等问题。②

发达国家保险监管普遍建立了比较完善的信息披露制度。欧盟偿付能力Ⅱ第三支柱即要求欧洲保险公司公开披露财务信息;英国保险监管机构要求保险公司每年公开披露经过审计的年度财务报告,要求披露的内容包括风险敞口情况、公司治理体系、公司资本结构、法定最低资本要求水平等;美国各州保险监管机构设立的信息披露制度,要求各保险公司按时上报财务信息,同时将各州的保险费率公布于众,增加保险市场的信息透明度③;新加坡金融监管局(MAS)对资管产品销售过程中的信息披露义务要求严格,通过《证券期货条例》和《财务顾问法》等法规对资产管理机构实施行为监管。④

日本信息披露制度主要用于消费者权益保护和穿透式监管。日本1996年《保险业法》第111条增加了保险公司经营信息披露义务,结束了日本保险业信息披露义务无法可依的时代。1998年修改的第111条明确了公开资料需要记载的内容。为防范保险资金运用风险,日本于2005年出台专门针对保险集团的监管方针。2006年修订《保

---

① 郝臣,孙佳琪,钱璟,付金薇.我国保险公司信息披露水平及其影响研究——基于投保人利益保护的视角[J].保险研究,2017(7):64-79.
② 曾于瑾.关于保险资产管理业高质量转型发展的研究[J].保险理论与实践,2020(12):1-10.
③ 崔冬初.美国保险监管制度研究[D].吉林大学,2010.
④ 巴曙松,王琳.资管行业的功能监管框架:国际经验与中国实践[J].清华金融评论,2018(4):21-24.

险业法》,改革了"比较信息管制"制度,实行保险信息公开披露制度,要求保险公司将业务内容、财务状况等信息公开。

第五章

我国保险资产管理法律监管的理念与体制变革

理念变革是保险资产管理体制变革的前提和基础。我国保险资管行业及资管市场正是在传统意义上的分类监管和机构监管、市场化改革阶段"放开前端、管住后端"、强化系统性风险防控背景下宏观审慎监管与微观审慎监管相结合、"大资管"时代机构监管与功能监管相结合、强化股权管理与股东义务背景下的穿透式监管以及金融消费者教育与金融消费者保护等监管理念的指导下而发展壮大的，当然这些监管理念在功能监管、统合监管、金融消费者教育以及金融消费者保护等方面还存在不足，而我国保险资管监管在信托法律体系、宏观审慎监管体系、公司治理结构监管体系、金融消费者适当性制度以及信息披露制度方面还不完善，这些问题制约着我国保险资产行业的高质量发展，未来应当持续推动保险资管监管理念和体制的变革。

第一节 优化保险资产管理法律监管的理念

一、以安全与效率并重为理念

自 2017 年开始，我国金融监管政策调整为以强化监管、防控风险为主，当前风险防范化解工作虽然取得了阶段性成果，但一些金融风险在金融周期下行阶段加速"水落石出"。2022 年上半年我国经济遭受新一轮疫情冲击，稳投资、保就业压力较大，但同时我国经济向好的基本面没有改变，经济恢复态势没有改变，城镇化建设资金需求仍然旺盛。①我国3亿多新市民主体的安居、就业、养老的需求仍然需要金融服务来满足。推动资产管理行业高质量发展需要确立"金融稳定和金融效率"并重的监管原则，一方面持续防范化解金融风险，久久为功，保证我国金融稳定与国家安全；另一方面促进金融监管理念、体制、机制及手段变革，持续提升金融监管效率，激发资产管理市场内生动力，加快构建金融服务国家战略和实体经济的机制，助推经济转型和产业结构调整，满足投资、就业和城镇化建设需求。

（一）健全金融稳定法律体系，保证金融安全

早在2006年全国"两会"期间，全国人大代表、人行郑州中心支行行长、外汇管理局河南分局局长杨子强等35名代表即提交了呼吁尽快制定《金融稳定法》的议案。一方面，2008年国际金融危机后各国普遍出台金融稳定相关法律并建立金融稳定监管体制，日益丰富的金融稳定监管经验为我国金融稳定法律的立法提供了经验借鉴。另一方面，近年来我国金融监管部门成功处置包商银行、锦州银行等风险事件积累了有益的实践经验，加之金融稳定的统筹协调议事机构——国务院金融稳定发展委员会于2017年7月成立，在防范化解金融风险的大背景下，制定出台《金融稳定法》的时机逐渐成熟，需要尽快推动《金融稳定法》出台，构建防范金融风险的统

---

① 国家发改委2022年7月发布的《"十四五"新型城镇化实施方案》中指出"我国仍处在城镇化快速发展期，城镇化动力依然较强"。

一制度安排，同时对《中国人民银行法》《商业银行法》《证券法》《保险法》《信托法》《公司法》等法律相关条款进行修订，与《金融稳定法》协调一致、互为补充，形成主次法紧密衔接、各有侧重、协调配合的金融稳定法律体系。2022年4月，中国人民银行就《金融稳定法》草案公开征求意见，标志着我国金融稳定法律体系建设迈出了重要一步。

（二）促进金融监管变革，持续提升监管效率

保险资管监管是否会损害保险资管行业的效率、抑制保险资管市场的活力，完全取决于监管手段的成效和效率。行之有效的保险资管监管有助于消除保险资管市场垄断、外部性、信息不对称等市场失灵现象，有利于克服保险资管市场的内生脆弱性和不稳定性，有助于降低甚至阻断金融风险的传导路径，增进金融体系的效率和稳定性。相比之下，监管真空、监管不足、监管重复、过度监管等监管失灵现象都会损害保险资管行业的效率。

一是继续坚持"放开前端、管住后端"的市场化改革思路，有序放开保险资产管理业务在投资范围、投资渠道、投资方式及投资比例等方面的限制，引导保险资金流向服务国家战略和实体经济的领域，引导保险资金加大ESG方向的投资，同时逐步将事前监管转变为事中、事后监管，放宽保险资管产品发行等资管业务的准入门槛，缩短资管相关业务的审批时限，激发保险资管市场活力，提升保险资管行业的效率。

二是利用金融科技手段提升保险资管监管效能。积极提高金融

科技产品创新能力，加大对新兴技术的研发投资，扩大新兴技术在金融领域的运用和推广，利用大数据、区块链、云计算等技术促进保险资管监管效率和效能的提升，同时建立金融科技公共研发平台，搭建风险可控的金融科技平台，增强信息共享的实时性，增加穿透式监管的有效性，增进市场风险监测与预警体系的时效性。

三是健全政、企数据共享机制与监管部门间信息共享机制。强化信息共享的数字基础设施建设，制定保险资管政、企数据共享、跨行业监管部门间数据共享的规则指引及清单，规范共享开放的原则、数据格式、质量标准、可用性及可操性等内容，打破监管部门间、监管部门与市场主体间的信息壁垒，消除保险资管市场"信息孤岛"效应，降低资管市场主体与监管部门之间的信息不对称，增强保险资管市场的信息整合度，提升保险资管监管效率。

二、明确保险资产管理业务的监管思路

我国保险资管业务发展历程中存在两种典型的监管思路，第一种是以"放开前端、管住后端"为主的市场化改革监管思路，即在风险可控的前提下，把保险经营权还给市场主体，把风险管控的主要责任交给市场，逐步简政放权，持续鼓励行业创新。自1995年《保险法》的正式出台终结了改革开放以来的保险资金投资的混乱、无序状态后，我国保险资管即确立了逐步放开保险资管公司设立、保险资金投资、保险资管产品创设等事前许可的限制，健全以偿付能力监管等市场化监管方式为主的事中事后监管机制的监管思路。

2012年起的市场化改革阶段则明文提出了"放开前端、管住后端"的监管思路，在前端实行资产大类监管政策，进一步放松保险资金投资和资产配置的限制，在后端实行"偿二代"政策，将偿付能力监管制度建设作为重心。

保险资产配置范围及方式的放松往往伴随着保险资金违规投资乱象，这期间违规利用保险资金加杠杆、违规开展多层嵌套投资、违规开展资金关联交易、违规开展股权投资、违规开展境外投资、变相开展"明股实债"等违规投资行为以及非理性并购、股票炒作、短钱长投、激进投资等高风险投资行为较为突出，逃避关联交易监管、向特定关系人输送利益等行为屡禁不止，保险资管业务风险逐步攀升。因此，自2017年开始，在中央防控金融风险的总体要求下，保险资管业务的监管思路迅速从简政放权理念下的"放开前端、管住后端"转变为"强监管、防风险"为主的监管思路。在"防风险、治乱象、补短板、强监管、服务实体经济"的监管思路引领下，原保监会于2017年发布"1+4"系列文件用以规制保险资管业务乱象，补齐监管制度短板。《资管新规》的出台和银保监会的组建则将这一监管思路推向了高峰。

当前我国经济步入高质量发展阶段，在新发展理念的指引下，无论是"放开前端、管住后端"还是"强监管、防风险"的监管思路均难以实现促进保险资产管理行业持续健康发展的目的，我国保险资产管理业务的监管思路应当秉持"疏堵结合、规范发展"的原则，通过有序开放投资渠道对保险资金的流量进行调控，通过引导保险资金投向对最终流向进行调控，通过机构监管与功能监管相结合、偿付能力监管与穿透式监管相配合、分类监管与行为监管相佐助的统合监管模式，对保险资金投资、保险资产配置、保险资管产品发行等业务进行规制，在促进保险资管市场规模不断壮大、保险资管市场活力不断增强的同时，有效防范保险资管行业的保险风险、市场风险、信用风险、流动性风险、操作风险、战略风险、声誉风险及跨行业、跨市场的系统性风险，促进我国保险资产行业持续健康发展，助力国家战略、实体经济及国计民生。

三、明确保险资产管理业务的信托性质

保险资产管理本质上是一种信托法律关系，理应适用于我国的《信托法》。但由于分业经营、分业监管的金融监管格局，《信托法》仅对信托业活动进行调整，未将其他金融资管业务纳入其中，且《信托法》自2001年出台以来迄今未作修订，亦未能随着资管市场的发展作出适应性调整，这导致监管实践中保险、银行等其他金融机构的资产管理业务未能普遍适用《信托法》，而是选择接受委托合同法律关系的调整。委托关系相较于信托关系，保险资产管理人在法律上无明确的信义义务，管理人义务标准较低，对保险投资人的保护较为薄弱[①]，实践中，保险资金业内委托双方建立委托代理关系，业外委托双方构成信托关系[②]，委托代理关系长期在保险资管业务乃至金融市场资管业务中占据主流，"行信托之实，否信托之名，逃

[①] 王涌.让资产管理行业回归大信托的格局[J].清华金融评论，2018（1）：82-84.
[②] 张锋露.保险资金委托投资存在问题及监管建议[J].上海保险，2022（3）：12-13.

信托之法"的金融资管业务成为了我国资管行业乱象之根源[1]，其根本原因在于未明确保险资管业务的信托性质。

刚性兑付长期以来作为保险资管业乃至整个资管行业的顽疾，与资产管理业务信托性质的不明确紧密相关。保险资管机构因尽职管理不当、获取投资者信任或维护自身声誉的考虑，通过违规出具"抽屉协议"提供隐性担保的方式向投资者承诺刚性兑付，并以自有资产或资金池资金提供担保的模式淡化了投资人的风险意识及资产管理人的勤勉义务与忠实义务，不利于保险资管机构主动管理能力的发挥，而且会加剧信用风险的累积和系统性风险隐患，且在金融周期下行阶段将会加速风险的暴露甚至危机的爆发。《资管新规》与《九民纪要》的协同有效遏制了刚性兑付行为，降低了信用风险事件发生的概率。

长期来看，推动保险资管行业转型，让"信贷回归表内，资管回归表外"，实现"卖者尽责，买者自负"，需要重拾资产管理人的信义义务。[2]然而这一目的的实现并非为资产管理机构贴上信义义务标签或者终结"委托代理"与"信托"法律关系之辩即可，问题之解决仍仰赖于监管制度的完善以及司法裁判的衔接，一是在既有《信托法》的基础上，将抽象的信义义务在各种金融服务场景中加以类型化并对"勤勉尽责"或"避免利益冲突"提出具体要求[3]，明确保险资产管理人违反信义义务的责任边界与举证责任分配；二是扩

---

[1] 王涌.让资产管理行业回归大信托的格局[J].清华金融评论，2018（1）：82-84.
[2] 张妍."大资管"时代的行业监管困境与出路[J].中国法律评论，2019（2）：194-202.
[3] 刘燕.大资管"上位法"之究问[J].清华金融评论，2018（4）：25-28.

大《信托法》的调整范围，将整个资管业务及产品均纳入信托法适用范围内，抑或针对商事信托乱象制定统一的《信托业法》，其内容应包括：准确界定商事信托内涵，规范金融资产管理产品标准；设定信托业务的准入门槛，将符合信托特点的资管业务均纳入统一监管；设定针对商事信托的财产公示、经营信息披露等专门义务；明确商事信托受托人的法律责任，严格规定商事信托机构违反信托义务的处罚力度。[1]

四、树立保护金融消费者的监管目标

有效应对市场失灵的金融监管通常具有三大目标：一是防范系统性金融风险，维护金融稳定；二是维护金融市场竞争，提高金融市场效率；三是应对信息不对称，保护金融消费者。根据监管目标设置监管职能和监管机构的"双峰监管"则具有两大目标：一是设立审慎监管机构，维护金融机构稳健经营和金融体系稳定；二是设立行为监管机构，促进公平竞争和金融消费者保护。[2]纵观各国金融监管模式及发展历程，金融消费者保护始终是各国金融监管的核心目标之一。

金融消费者权益保护首要的在于明晰金融消费者概念。金融消费者不同于日常商品购买的一般消费者，金融消费者的特殊性决定了金融消费者保护的价值目标是《消费者权益保护法》所无法涵盖

---

[1] 赵磊. 信托受托人的角色定位及其制度实现 [J]. 中国法学, 2013 (4): 74-86.
[2] 宋晓燕. 论有效金融监管制度之构建 [J]. 东方法学, 2020 (2): 103-120.

的。金融消费者也不同于专业的金融投资者，两者之间的区分标准并不在于是否盈利，而是在于金融消费者是否处于弱势地位以及是否需要法律给予保护。金融消费者的概念是伴随着金融创新与混业经营而产生的，财务、专业能力和风险抵御能力欠缺的一般金融投资者逐渐从专业金融投资者群体中分化出来，与存款人、投保人、受益人等传统意义上的金融消费者一道组成新的金融消费者群体。

参考域外发达经济体的经验，可以从财产状况、专业能力和风险抵御能力维度将金融消费者分为专业金融消费者与普通金融消费者。前者主要是具备一定资产规模、投资经验和较高风险承受力的自然人、法人或其他组织，后者主要是投资规模有限、投资经验较为匮乏和风险承受力较低的自然人、法人或其他组织。我国《证券法》与《证券期货投资者适当性管理办法》从财产状况和投资能力维度将投资者分为普通投资者与专业投资者，未考虑投资者的主体性质。《商业银行理财业务监督管理办法》和《保险资产管理产品管理暂行办法》则从主体性质、财产数额维度进行分类，未采用投资能力标准，不符合国际通行做法。[①]

应针对不同类型的金融消费者规定不同等级的保护程度。一般金融消费者可享受全面、充分的保护，而专业金融消费者只能享受部分保护。金融消费者保护的通常路径是信息披露，即提高金融机构对相对主体的信息披露义务，更为完整的路径则包括信息收集（了解客户和产品）、信息分析（进行客户和产品间的匹配）与信息披

---

① 刘军岭，檀文，刘道云. 国际比较视角下我国金融期货投资者适当性制度之完善[J]. 商业研究，2016（10）：187-192.

露（揭示产品风险），即对应保险资管机构等金融服务机构的说明义务和适当性义务。说明义务即金融机构就资管产品性质、结构、风险、价格、行情变化等信息向金融消费者进行充分说明，由于金融消费者在信息获取与专业能力上相对于金融服务机构处于弱势地位，因此金融机构的一对一说明义务可以缩小买卖双方之间的信息鸿沟，让消费者获得充分信息并产生合理预期。适当性义务即金融服务机构"将适当的产品或者服务销售或者提供给适合的投资者"，通常包括了解客户义务、了解产品义务、客户与产品匹配义务以及风险揭示义务，是对说明义务的强化，体现"卖者尽责"的理念，是"买者自负"的前提条件，有助于规范金融服务机构扭曲真实风险、隐藏真实信息的不当劝诱行为，保护金融消费者的合法权益。

第二节 优化保险资产管理相关法律体制

一、填补资管新规的不足

（一）明确资管业务的法律关系

《资管新规》回避了对资产管理业务法律关系的认定，并未明确我国资管产品是属于信托抑或委托代理关系，并未明确资管产品的法律性质。当然《资管新规》也体现出推动资管业务及资管产品向信托法律关系转变的倾向，目前针对刚性兑付等行为的约束力主要来源于监管部门的处罚措施以及《九民纪要》对刚性兑付、通道业务、多层嵌套等违规行为的司法裁判。然而《九民纪要》毕竟不是司法解释，不能作为裁判依据加以援引，其作用仅在统一裁判尺度，最为关键的是《九民纪要》并未明确资管业务适用于信托关系，仅强调根据《资管新规》的规定，信托公司外的其他金融机构开展的资产管理业务构成信托关系的，当事人之间的纠纷适用信托法。换言之，《九民纪要》并未将确定资管法律关系的重任承担下来，而是巧妙地退还给了《资管新规》，究其缘由在于上位法的不明确导致无论是作为部门规章的《资管新规》还是统一裁判尺度的《九民纪要》均不敢越俎代庖。鉴于此，保障《资管新规》的约束力及司法裁判的效力，需要制定法律效力更高的法律法规，或扩大《信托法》的适用范围，或制定针对整个营业信托的《信托业法》，为司法裁判提供明确的依据。

（二）明确禁止通道业务的法律依据

《资管新规》明令禁止通道业务，但其部门规章的效力导致其禁止通道业务的规定缺乏法律依据。《九民纪要》第93条明确了通道业务的认定依据，同时强调通道业务要以其实际构成的法律关系确定其效力，并未直接认定合同无效。目前司法实践中并无因违反禁止通道业务的金融监管政策而认定合同无效的案例。北京北大高科技产业投资有限公司和光大兴陇信托有限责任公司借款合同纠纷一案是法院在裁判文书中对《资管新规》内容进行直接援用和认可的第一案，最终最高人民法院依据"过渡期"的规定认定案涉合同有效。倘若不考虑"过渡期"的规定，案涉信托贷款业务违反《资管新规》的监管政策可能会影响该案交易合同的效力，这种以违反金融监管政策认定通道业务合同无效通常有两种解释路径：一是将违反金融监管政策的情形解释为"损害社会公共利益"，二是将违反金融监管政策的情形解释为"通谋虚伪行为"。[①] 其中解释为"损害社会公共利益"是典型的解释路径。但由于违反社会公共利益的判例牵涉甚广，造成的社会影响较大，在资管法律关系上位法尚未完善的情况下，认定通道业务交易合同的法律效力时仍应当严格遵循《民法典》合同编的规定，并在解释"违反社会公共利益"时保持克制、审慎的态度，从严认定"社会公共利益"的范围，避免任意进行扩大解释。[②]

（三）健全功能监管模式

《资管新规》要求对资产管理业务实施监管应按照产品类型而不是机构类型实施功能监管，在某种程度上促进了监管标准的统一，但仍未改变我国金融机构的监管体制现状，机构监管模式仍旧阻碍着我国资管产品信托本质的认定。《资管新规》的出台及银保监会的组建标志着分业监管下的机构监管模式向混业监管下的功能监管模式转变，但功能监管模式不能脱离机构监管模式，否则将暴露功能监管的内在缺陷——产品功能划分困难、监管重复以及由于专注于某一功能的业务而忽视系统性金融风险从而致使宏观审慎监管目标难以实现。填补《资管新规》的不足，需要在机构监管的基础上，将功能

[①] 万子芊.对资管新规关于通道业务相关规定的理解与思考[J].金融法苑，2018（8）：101-115.

[②] 沈心怡.《资管新规》第一案评析——规避监管型通道业务中的合同效力认定[J].金融法苑，2020（7）：38-51.

监管作为机构监管的有益补充,而非监管模式的替代,并在此基础上充分发挥穿透式监管作用,提升保险资产管理产品的监管效能。

二、修改并完善信托法律体系

《信托法》在营业信托领域对信托公司的资产管理业务进行了规范,但并未调整保险资管机构在内的其他资产管理业务。《信托法》调整范围的限缩,致使信托之外的金融机构及监管者碍于分业经营与分业监管的限制而游离于信托监管之外,其根源在于《信托法》基本内容的缺失与营业信托基本法的缺位。因此,应当重新阐述信托法原理,扩大《信托法》的调整范围,将整个资管业务及产品均纳入信托法的调整范围内,抑或针对商事信托乱象制定统一的《信托业法》,其内容应包括:准确界定商事信托内涵,规范金融资产管理产品标准;设定信托业务的准入门槛,将符合信托特点的资管业务均纳入统一监管;设定针对商事信托的财产公示、经营信息披露等专门义务;明确商事信托受托人的法律责任,严格规定商事信托机构违反信托义务的处罚力度。[①]

三、重塑管理人信义义务

《信托法》对受托人投资管理的监督机制仍存在缺失,信托监督

---

① 赵磊.信托受托人的角色定位及其制度实现[J].中国法学,2013(4):74-86.

人、受益人、代理人等制度不完善，无法保障受托人忠实履行信托义务。此外，《信托法》中由于信义义务的法律规定过于原则性，难以作为民事裁判的依据在司法实践中应用，削弱了信义义务的法律效力，制约了信义义务的拓展。当然信义义务并非仅基于信托法律关系，英美法范畴中的信义法律关系包括信托法、公司法、合伙法和代理法等法律领域。委托人基于信赖关系将资金交由资产管理机构等受托人进行投资，委托人作为投资者与受益人承担投资失败的市场风险，而受托人则需勤勉、诚信、尽责——"受人之托、代人理财"。就大资管的民商法基础而言，相对于回归"大信托"的诉求，在资管行业推动"信义义务"的共识更为关键。[1]

重塑受托人信义义务需要健全信托制度，一是健全管理人信义义务制度，将金融机构信义义务的规定具体化，根据投资者的实际情况和产品属性细化信义义务规范标准，以作为行政处罚、司法裁判、民事救济的援引依据；二是完善《信托法》中关于受托人义务的相关规定，明确信托关系中委托人与受托人之间的权责划分；三是在既有《信托法》的基础上，将抽象的信义义务在各种金融服务场景中加以类型化并对"勤勉尽责"或"避免利益冲突"提出具体要求，明确保险资产管理人违反信义义务的责任边界与举证责任分配；四是完善我国投资者适当性制度，充分践行"买者自负、卖者尽责"的理念。

---

[1] 刘燕. 大资管"上位法"之究问[J]. 清华金融评论, 2018（4）: 25-28.

四、完善金融消费者权益保护制度

(一)健全金融消费者保护法律法规

完善金融消费者保护法律法规,一是制定涵盖资产管理业务的《金融消费者权益保护法》,统一现行金融消费者权益保护法律法规,或者可以先出台多部门联合制定的金融消费者保护规范性文件,再适时上升为法律或行政法规。内容上应当明确金融消费者概念和法律地位,区分金融消费者与金融投资者,将金融消费者按照财产状况、专业投资能力及风险抵御能力区分为不同类型,并适用不同级别的保护措施;明确加强金融消费者教育的相关措施;明确金融机构的说明义务、适当性义务,压实金融机构保护金融消费者权益的主体责任;明确金融消费者风险承受能力评估、风险匹配原则、信息披露等规定。二是在司法裁判层面将金融消费者进一步区分为一般金融消费者和专业金融消费者,并对不同类型金融消费者的司法保护程度作出差异化规定,结合《九民纪要》第78条的适当性义务豁免事由[1],酌情减免买方为专业金融消费者时卖方机构的适当性义务和举证责任,如卖方机构有足够证据证明买方为专业金融消费者,并且卖方已履行适当性义务的,则可以减免卖方机构对资管产品投资活动损失的赔偿责任。

---

[1]《九民纪要》第78条规定:"……卖方机构能够举证证明根据金融消费者的既往投资经验、受教育程度等事实,适当性义务的违反并未影响金融消费者作出自主决定的,对其关于应当由金融消费者自负投资风险的抗辩理由,人民法院依法予以支持。"

（二）完善投资者适当性制度

完善投资者适当性义务，一是应当将投资者适当性义务与金融消费者分类、分级保护相结合。在2020年4月发生的中国银行原油宝事件中，国务院金融委认为中国银行对投资者保证金损失的承担并非其法定义务，但基于投资者适当性原则，应对大、小户进行区别对待，即1 000万元以下的投资者从中行拿回20%的保证金，而1 000万元以上的投资者自行承担全部保证金损失。[①] 该方案虽未将适当性义务视为法定义务，但考虑了普通投资者与合格投资者的区别，保护了非专业金融消费者。二是应当避免将适当性义务和合格投资者混同，不应排除合格投资者享受适当性义务保护的权利，而应当给予合格投资者享受适当性义务保护的权利，同样根据其财务、专业能力和风险抵御能力划分为一般金融消费者和专业金融消费者，并实行差异化的适当性义务保护。三是补齐保险资管领域适当性义务的监管制度短板。我国保险资产管理领域并无针对投资者适当性的法律规定，仅适用《资管新规》第6条第1款对金融机构发行和销售资产管理产品的投资者适当性义务的规定。原保监会早在2017年5月发布的《关于弥补监管短板构建严密有效保险监管体系的通知》中针对保险业适当性义务制度规范缺失的问题指出，要"研究制定保险产品适当性销售制度"，除尽快出台针对保险产品的适当性销售制度，还应当对保险资管机构发行的资管产品出台适当性制度，保障保险消费者的合法权益。

---

① 黄辉.金融机构的投资者适当性义务：实证研究与完善建议[J].法学评论，2021（2）：130-143.

（三）完善金融纠纷多元化解机制

金融纠纷多元化解决机制包括金融纠纷诉讼机制和非诉讼纠纷解决机制（Alternative Dispute Resolutions，ADR）。我国金融纠纷的争议解决主要依赖于诉讼程序实现权利救济，呈现出较为单一的司法救济形态。诉讼机制能够较为公平公正地解决金融消费者权益保护问题，但诉讼程序也存在着费用高昂、程序冗长、周期漫长的弊端，难以应对金融领域的"诉讼大爆炸"现象。[1]最高人民法院、人民银行和银保监会于2019年联合印发了《关于全面推进金融纠纷多元化解机制建设的意见》。该意见发布后，各地相继建立金融消费纠纷调解组织，但由于缺乏统一规划和协调，导致金融消费纠纷调解组织建设存在区域发展不平衡、调解程序不统一、小额纠纷快速解决机制标准不一致、调解组织运行效率各异、调解数据难以汇总统计、跨界金融纠纷调解无法应对等问题。完善金融纠纷调解机制，应当进一步规范金融纠纷调解组织建设，加强金融监管部门与最高人民法院、司法部的沟通协调，联合制定金融纠纷多元化解机制建设实施细则，加强金融纠纷调解组织的统筹规划，明确设立条件、方式、调解案件范围、调解员队伍建设以及经费来源等，对建设过程中的共性问题统一解释和指导，提升金融纠纷调解组织运行成效。[2]

---

[1] 吴弘.金融纠纷非讼解决机制的借鉴与更新——金融消费者保护的视角[J].东方法学，2015（4）：2-10.

[2] 郭佳靖.我国金融消费者权益保护现状及经验借鉴[J].金融发展评论，2022（2）：82-95.

（四）深化金融消费者教育

金融消费者权益保护除了强化供给侧的金融机构适当性义务外，还需要加强需求端金融消费者教育。2013年国务院办公厅发布的《关于进一步加强资本市场中小投资者合法权益保护工作的意见》中指出，中小投资者处于信息弱势地位，加强中小投资者合法权益保护，需要强化中小投资者教育，"将投资者教育逐步纳入国民教育体系"。将金融消费者教育纳入学校教育为公众普遍接受，中国人民银行发布的《消费者金融素养调查分析报告（2021）》显示，88.91%的受访者认为金融教育比较重要或非常重要，67.28%的受访者认为在学校开设金融教育课程是最有效的方式。

深化金融消费者教育，一方面应当制定金融消费者教育中长期发展规划，明确金融教育的各阶段目标和任务，将金融知识教育纳入国民教育体系，科学设计金融消费者教育内容，合理定位不同教育主体角色分工，并且加大资金保障，完善配套措施，健全评估机制，促进金融消费群体金融知识的普及和整体素质的提升。另一方面应当培育金融消费者文化，压实金融服务机构的适当性义务，要求金融服务机构在交易过程中充分揭示资管产品的投资风险，切实向金融消费者传递资管产品净值化等金融知识及长期投资、价值投资、审慎投资等科学的投资理念，铲除刚性兑付文化土壤。

五、完善信息披露制度

一是明确保险资管机构的信息披露义务。2021年12月，银保监会就《保险资产管理公司管理规定(征求意见稿)》公开征求意见，这是自2004年发布的《保险资产管理公司管理暂行规定》2011年、2012年两次修订以来的又一次全面修订。征求意见稿中增加了保险资管公司的信息披露义务，一是定期向委托人报告受托管理资产的管理运用情况；二是严格履行关联交易的信息披露和报告程序；三是对于公司信息披露和监管报告内容存在虚假记载、误导性陈述或者重大遗漏，监管部门可以要求其聘请专业机构进行专项审计、评估或者出具法律意见。应当尽快出台《保险资产管理公司管理规定》，促进保险资管机构信息披露义务的正常履行。

二是增加"棕色资产"信息披露。棕色资产指特定会计主体在高污染、高碳（高能耗）和高水耗等非资源节约型、非环境友好型经济活动中形成的，能以货币计量并能带来确定效益的资源。掌握保险投资资产中棕色资产规模有助于评估高污染、高耗能经济活动给环境和气候带来的影响，进而估算可能发生的金融风险。监管机构应当将棕色资产敞口规模信息纳入到信息披露内容中，要求保险机构做好棕色资产敞口核算，定期发布绿色投资责任报告。[①]

三是统一信息披露标准。《资管新规》中提出要"进一步健全保险资金运用信息披露和内部控制指引"。针对受托管理人信息披露义务存在差异的问题，应当统一受托管理人的信息披露标准，在信息披露相关法律法规修订的基础上，明确委托投资中的信息披露主体，做到信息披露主体与信息披露义务在资本市场保持一致、标准统一，

---

① 邱晓华，李衡，张艳杰，等.绿色金融支持碳中和目标：国际国内实践及建议[J].保险理论与实践，2021（6）：13-32.

避免产生差异。①

四是增强所披露信息的可理解性。要求保险资产管理人或保险资管产品发行人以便利金融消费者阅读为目的，采用平易近人的语言，运用图表等简明形式进行披露，使所披露信息准确、清晰、易理解、一致且无误导。其次，应当加强数字化、智能化、信息化建设，根据金融消费者风险承受能力、主观风险偏好、收益诉求、流动性诉求等因素来刻画金融消费者的风险画像，运用大数据模型分析用户行为特征及其投资需求，有针对性地向用户提供所需知识，增强金融消费者对专业复杂信息的可理解性。②

---

① 张锋露.保险资金委托投资存在问题及监管建议[J].上海保险，2022（3）：12-13.
② 彭思涵.资管产品信息披露有效性探析[J].金融法苑，2018（8）：215-224.

第六章

我国保险资产管理法律监管的机制和规则完善

在资产管理混业经营及混业监管趋势下，我国保险资产管理监管机制不完善与监管规则不健全的问题逐步凸显。在监管机制上，系统性风险监测预警机制不完善和系统重要性保险机构评估机制的缺失阻碍系统性金融风险隐患的识别，信息孤岛、信息壁垒、监管套利等信息共享机制的不健全影响风险监测机制的顺畅运行与穿透式监管的有效实施，金融稳定监管机制的不协调影响宏观审慎监管框架的运行，难以应对未来可能出现的"黑天鹅""灰犀牛"现象。在监管规则上，"大资管"时代资管基础法律关系的不明确、司法裁判依据的效力问题和裁判规则的不统一侵害资管市场主体及其合法权益，穿透式监管规则不完善引发的自由裁量权滥用则将加剧这一行政权的扩张，滋生过度干预资管市场的风险，金融消费者权益保护机构的多头监管和多头执法致使金融消费者权益无法得到切实保障，而这些问题的解决均依赖于保险资产管理在内的金融监管机制和规则的完善。

第一节 完善保险资产管理业务的监管机制

一、以统合监管为模式

随着市场化改革进程的稳步推进，包括保险资产管理在内的资管市场蓬勃发展，资产管理规模不断增加，以追求利润、规避金融监管为目的的金融创新逐步突破银行、保险、证券、期货、基金、信托业的分业监管模式，机构监管中的"九龙治水"、各自为政、监管体制不协调、监管规则不统一等问题逐步凸显，监管真空和监管套利等问题频发，降低了金融监管的有效性。在防范化解系统性金融风险的政策背景下，"严监管"逐渐成为资管行业的监管思路，《资管新规》推动机构监管向功能监管转变，"一行三会"向"一行两会"的转变推动分业监管向混业监管过渡。混业监管趋势下的功能性监管逐渐突出，跨产品、跨机构、跨市场协调的功能监管模式能够更好地适应混业经营市场，有助于消除多层嵌套和通道业务，而功能监管效能的发挥需要穿透式监管的参与，尤其是针对多层嵌套资管产品的识别上。

回顾我国保险资产管理监管的发展历程，可以发现我国保险资产管理监管采用的是混业监管趋势下，机构监管与功能监管相结合，穿透式监管参与的综合监管模式。全球金融监管主要分为综合监管、分立监管（机构监管和功能监管）和双峰监管三种模式，其中综合监管模式是指由统一的监管机构对不同领域金融行业实施独家监管的全能型监管模式，也被称为"混业监管"模式[1]，与我国当前实施的监管模式相近。

未来我国保险资管监管模式应当逐步转向统合监管模式。统合监管模式并非简单将各个分业监管机构合而为一，亦非采用目标（双峰）监管模式按照行为监管和审慎监管的目标差异划分监管职责和

---

[1] 郑彧.论金融法下功能监管的分业基础[J].清华法学，2020（2）：113-128.

设立监管机构[①]，而是在促进资管行业高质量发展的目标引领下，以金融风险防范为核心，以宏观审慎监管为重点，在机构监管和功能监管的基础上，科学选择并运用分类监管、行为监管、穿透式监管等监管工具，充分发挥各类监管工具的协同效应，进而有效达成金融监管目标的监管模式。

二、建立监管协调机制

我国行政管理经验表明，监管协调机制的高效运作取决于更高层级统筹协调议事机构的建立，否则难以平衡部门间的利益冲突。2017年11月成立的国务院金融稳定发展委员会为监管协调机制的建立提供了机构层面的支持。2018年3月，全国人大通过国务院机构改革方案，对监管体制作出重大调整，正式组建中国银行保险监督管理委员会（银保监会），标志着分业监管向混业监管转变的重要一步。虽然根据国际金融监管经验，简单合并监管机构并不能从本质上解决混业监管的问题，但监管机构的合并可以极大增进部门间的协调程度。银保监会组建后出台的部门规章同时适用于银行和保险机构，这意味着银行业和保险业之间原先分离、冲突的监管规则和标准在机构合并后实现了统一，也意味着原先监管薄弱的行业将面临更为严格的监管。

就整个资管行业而言，银行保险、信托、证券、基金、期货的

---

① 黄辉.中国金融监管体制改革的逻辑与路径：国际经验与本土选择[J].法学家，2019（3）：124-137，194-195.

分业监管体系并未改变,《资管新规》的出台建构起资产管理业务的统一标准,各部门陆续出台的一系列配套细则从法律规范层面补齐了"大资管"体系的制度短板。在此基础上,建立高效运转的监管协调机制是保障机构监管与功能监管相结合的必要条件。为此,在宏观审慎监管方面,2022年4月,中国人民银行发布《金融稳定法(草案征求意见稿)》,规定由国家金融稳定发展统筹协调机制(国务院金融委)统筹金融稳定,协调金融监管部门和地方政府形成监管合力。

健全我国金融领域的监管协调机制,一是应当继续发挥国务院金融委的统筹协调功能,解决各部门资管领域政策的统一和衔接问题,增强资管行业法律规范的协同性;二是健全部际联席会议制度,推动中央金融政策的贯彻落实,协调解决资产管理行业面临的重大问题,增强金融市场监管的系统性;三是健全资管市场监管信息共享机制,增强资管市场监管的穿透性,提升资管行业的监管效能;四是健全金融消费权益保护协调机制,加强银行业、保险业和证券业消费者权益保护工作的协调,加强金融消费者保护机构与市场监督管理部门、金融消费者协会、各金融行业自律组织等部门的协调,切实维护金融消费者权益;五是健全金融纠纷调解机制,加强金融纠纷调解组织的统筹规划,提升调解结果法律效力,增进金融纠纷调解组织运行成效。①

---

① 郭佳靖.我国金融消费者权益保护现状及经验借鉴[J].金融发展评论,2022(2):82-95.

三、完善信息共享机制

信息共享是推动保险监管现代化及资产管理业务现代化的重要手段，有助于推动偿付能力、公司治理和市场行为"三支柱"保险监管制度的现代化进程；有助于破除分业监管下的"信息壁垒"与"信息孤岛"；有助于解决功能监管模式下的监管重复和监管空白问题，规避不必要的监管成本浪费，减轻资管市场主体的合规负担，规避资管领域"数出多门"现象；有助于提升穿透式监管效能，及时识别预警交易风险，促进风险监测机制的完善，打击金融领域的违法犯罪。

信息共享机制的完善往往伴随着监管协调机制的发展。2008年央行会同银监会、证监会、保监会建立金融监管协调机制涵盖金融信息共享制度。2013年国务院批复由央行牵头的金融监管协调部际联席会议制度中，同样包括金融信息共享和金融业综合统计体系的协调。与此同时，部门间的信息共享机制也在逐步探索和完善，如银保监会和央行于2022年3月发布的《关于加强新市民金融服务工作的通知》中指出要"加强与政府部门的合作，推动建立公共信用信息同金融信息共享整合机制"。

当前金融领域的信息共享机制建设主要表现为公共信用信息与金融信息共享整合机制的融合。如2022年3月中共中央、国务院发布的《关于加快建设全国统一大市场的意见》中提到要"建立公共信用信息同金融信息共享整合机制"，中共中央办公厅、国务院办公厅印发的《关于推进社会信用体系建设高质量发展促进形成新发展格局的意见》中提到要"加强公共信用信息同金融信息共享整合"。在混业监管的趋势下，完善保险资管与其他资管业务之间的监管信息共享机制，一是制定统一的规则和标准，信息共享标准应涉及共享内容、共享时间、共享途径、数据披露和使用以及安全和保密责任等方面，信息共享规则应明确资管产品信息的归属、采集、开发等相关管理规范，完善数据采集和共享平台建设，解决资管信息共享时设备资源的兼容性问题；二是健全数据开放共享的规则指引，规范共享开放的原则、数据格式、质量标准、可用性及可操性等内容，促进部门间共享开发能力、水平及质量的提升[①]；三是建立资产管理监管数据仓库，构建资管监管信息共享平台，从监管数据层面实现资源共享，避免多头重复采集数据，降低监管成本，减轻监管对象的负担，提升监管效力。[②]

四、建立风险监测机制

（一）建立风险全生命周期监管机制

风险监测是风险全流程管理的重要环节。风险全生命周期监管机制包括风险监测、风险识别、风险预警、风险事件报告、风险事件分级以及风险应对处置活动，其中风险事前识别和监测预警机制是风险全周期监管机制的重点。风险监测机制的建设应充分考虑信

[①] 冀潜，李永娣，周恒.部门间统计数据共享机制研究 [J]. 统计理论与实践，2021（9）：22-26.

[②] 彭康.依托信息共享推动我国金融监管改革 [J]. 中国市场，2017（14）：220-221.

用风险、保险风险、市场风险、声誉风险、流动性风险、操作风险、国别风险、利率风险、战略风险、信息科技风险以及其他风险的关联性，科学设定风险监测指标和权重，增强与偿付能力监管和穿透式监管的协同性，提升风险识别、监测预警机制的有效性和时效性。

（二）加强系统重要性金融风险监测

系统重要性金融机构风险是系统性风险的重要来源。2008年国际金融危机发生的重要原因之一是国际社会对系统重要性金融机构（SIFIs）宏观审慎监管的忽视。SIFIs作为金融网络体系中的重要节点，具有规模效应、全局性、复杂性、系统关联性等影响，一旦SIFIs经营出现风险，将通过金融风险传导机制将风险传播、扩散至整个金融市场。在资管业务中，部分具有系统重要性特征的金融控股公司快速发展是导致风险跨行业、跨市场，产生监管套利、监管真空的主要原因。

既有研究表明，系统性金融风险不会毫无征兆地突然爆发，风险事件爆发前会出现可监测的预警信息。[①] 加强系统重要性金融风险监测，构建科学合理的系统性金融风险预警指标体系，完善以综合指标法为核心的系统性金融风险预警模型，运用模型定量分析系统性金融风险综合指数，提升金融风险监测的系统性和前瞻性。由于金融系统的复杂性，金融风险监测预警机制还应当结合其他方法共同运用，如建立关联交易监管系统，以信息化助力关联方识别和关

---

① 李红权，曹佩文，周亮. 系统性金融风险与监测预警：一个综合分析的视角 [J]. 湖南师范大学社会科学学报，2021（1）：80-90.

联交易监测，提高关联交易监管有效性和精准性。就保险资产管理监管而言，应当完善系统重要性保险公司评估机制，将系统重要性保险机构作为风险监测的重点，建立专门针对系统重要性保险机构（D-SIIs）的评估指标体系和评估机制，有效识别"大而不能倒"险企，定期公布 D-SIIs 名单并加强监管。

（三）加强金融基础设施建设，夯实风险监测数据基础

系统性金融风险监测模型的运用需要以金融数据为基础，除了尽快推动《金融稳定法》出台，健全跨部门协作和信息共享机制外，还应当加强金融基础设施建设，健全资管产品统一报告制度，建立统一的资管产品信息系统。[1]此外还可以探索利用人民银行支付系统监测分析资金规模和资金流向，测算资产管理产品的杠杆率、收益率和风险程度，实现对资产管理业务的实时穿透和风险在线监测。[2]

第二节 完善保险资产管理业务的监管规则

一、把握法律监管的合理边界

（一）把握金融交易与司法裁判的合理边界

《资管新规》等强监管政策的出台加剧了监管司法化趋势。《资

---

[1]《资管新规》第 25 条中要求"建立资产管理产品信息系统，规范和统一产品标准、信息分类、代码、数据格式，逐只产品统计基本信息、募集信息、资产负债信息和终止信息"。
[2] 王洋.资管业务中"穿透式"监管理念法制化研究[D].华东政法大学，2020.

管新规》作为部门规章在效力上不及法律法规，《九民纪要》尽管在司法裁判的尺度和标准上与《资管新规》相衔接，但由于《九民纪要》并非司法解释，无法直接作为裁判依据进行援引，仅能在判决说理部分加以引用，因此《九民纪要》的明确并未从根本上解决司法裁判活动如何认定资管业务法律关系不明确以及刚性兑付、通道业务、资金池业务等违规金融交易行为的效力问题。这就造成司法裁判在实践中面临着两难的境地：遵循监管政策思路认定违规资管行为无效将否定体量庞大的金融交易效力，侵犯市场主体的意思自治权利；无视监管政策思路而认定违规行为有效，则将在司法层面削弱《资管新规》效果，无助于金融风险的防范和化解，因为金融系统性风险的产生归根结底在于金融交易中的大规模合同违约及责任承担[①]。

尽管基于金融交易"意思自治"原则，法律不宜对金融交易过度限制，但由于合同交易相互关联所产生的积聚效应和扩散效应，单个行为同样存在损害社会公共利益的可能，因此司法裁判面对资管市场交易行为的合理边界应当从意思自治延伸至社会公共利益，这就需要把握好资管交易行为与司法裁判之间的边界，一是保持司法定力，明确司法裁判的标准，维护司法裁判尺度的稳定性和统一性；二是在司法实践中既要允许借助金融监管规则否定合同效力这一通道，同时又要在合同效力认定上秉持审慎态度[②]。如一般不将金融机构违反监管规章的合同直接认定为无效，不将金融机构违反

[①] 陈醇.金融系统性风险的合同之源[J].法律科学（西北政法大学学报），2015（11）：144-151.

[②] 陈秋竹.金融监管规则介入司法裁判的合理性及其限度——基于穿透式监管对商事合同效力认定的影响[J].南方金融，2021（3）：76-86.

监管规章的活动径直认定为损害公共利益。

（二）把握穿透式监管自由裁量权的合理边界

在把握金融交易与司法裁判合理边界的基础上，需要界定穿透式监管自由裁量权的合理边界。穿透式监管要求监管对象披露大量信息，由于当前穿透式监管缺乏对穿透范围、穿透程度等内容的具体规则指引，因此穿透式监管在实践中具有一定的自由裁量权，这一监管自由裁量权倘若不受限制，则可能会侵害金融机构的合法权益，增加被监管主体的披露义务和经营成本，增加监管部门因信息收集、分析和评估而产生的额外监管成本。要求保险机构过度披露信息可能损害资产管理人的合法权益，而披露信息不足则难以达到预期的穿透效果，因此穿透式监管同样有必要制定统一的监管标准与具体的规则指引，明确穿透监管的合理边界，避免过度增加市场主体的信息披露义务，防范自由裁量权的过度滥用对市场主体权益的损害。

二、完善穿透式监管规则

金融创新的动机之一即通过多层嵌套等复杂手段突破资管产品大类限制，从而达到规避法律监管的目的。穿透式监管遵循实质大于形式原则，强调刺破金融创新面纱，通过对资产层进行穿透识别出最终投资者，对中间环节进行穿透识别出多层嵌套，对资金流向穿透识别出产品属性，从而解决监管真空和监管套利的问题，有效防范交叉金融创新风险。我国穿透式监管方法最初运用于互联网金融乱象的规制中,2016年4月国务院办公厅发布的《关于印发互联网金融风险专项整治工作实施方案的通知》中指出存在金融机构依托互联网采取多层嵌套方式规避监管要求的行为,要求监管部门采取穿透式监管方法,综合资金运用的全流程信息,透过表面判定业务本质属性和监管要求,整治互联网金融领域的资金运用违规行为,以实现跨界、交叉型资管产品的有效监管。

完善穿透式监管规则,一是实施穿透监管规范产品运作,通过偿付能力监管强化对于投资资产风险的识别和计量,提升资产投资的引导力和约束力。[1]二是统一产品统计标准,建立登记监测系统,全面收集各金融机构产品发行和交易数据,同时设置科学的统计指标,实现对产品信息以及对资金链全流程的监测统计、实时穿透和在线监测。[2]三是采用人工智能技术实现监管规则的形式化、数字化和程序化,加强穿透式监管的数字基础设施建设,夯实穿透式监管的数据基础,提升监管穿透性和专业性[3],强化对金融科技创新的穿透式监管,筑牢金融与科技的风险防火墙。

---

[1] 曹德云. 立足专业化特色 融入大资管格局 努力推进保险资管产品实现高质量发展[J]. 清华金融评论, 2022 (1): 19-21.

[2] 赵宇龙. 穿透式监管下的保险业资产风险: 监管框架设计与实证发现[J]. 保险研究, 2019 (6): 3-14.

[3] 中国人民银行金融稳定分析小组. 中国金融稳定报告2020 [EB/OL]. (2020–11–07) [2022–07–09]. http://www.gov.cn/xinwen/2020-11/07/5558767/files/d7ba5445e5204c83b37e3f5e07140638.pdf.

三、推动监管机构整合及权责协调

"从境外成熟金融市场的发展规律来看，适应金融结构调整的金融监管模式往往能够有效控制金融风险，避免金融危机爆发，而不适应金融结构调整的金融监管模式却难以有效控制金融风险，甚至有可能引发金融危机。"[①] 分业监管模式的劣势在于因对金融创新带来的冲击应对不足而产生监管真空和监管重叠等监管失灵问题，进而导致金融风险积聚甚至引发金融危机，但这并非分管监管制度本身的问题，而是缺乏监管协调的缘故。有研究指出，当前我国金融监管体系名义上划分为银行、保险、证券、信托的分业监管模式，而实质上是一种画地为牢的行业监管模式，是在"牌照监管"基础上以不同行业为监管对象的机构监管。[②]

机构监管具有天然的不适应性，这种不适应性体现在金融机构源源不断地通过金融产品和服务的创新进行套利的动力，这种资本的本能属性致使金融机构和金融市场的边界不断变化，不断在整个金融行业和市场中突破和渗透，政府机构稳定性的固有特征难以企及金融行业创新突破的速度，因此机构监管衍生的监管重叠与监管真空等监管失灵问题是必然的。这便产生了功能性监管的需要。无论机构监管还是功能监管，无论处于分业监管还是混业监管趋势，形成监管合力、发挥监管效能的根本在于监管机构的有机整合以及

[①] 巴曙松，沈长征. 从金融结构角度探讨金融监管体制改革 [J]. 当代财经，2016（9）：43-51.

[②] 郑彧. 论金融法下功能监管的分业基础 [J]. 清华法学，2020（2）：113-128.

监管权责的科学划分。

在监管机构整合方面，可探索混业监管趋势下监管机构整合路径。如针对金融消费者权益保护的监管资源浪费、地方保护主义、监管套利频仍、消保投诉无门等问题，可将央行内设的金融消费权益保护局、银保监会内设的银行业保险业消费者权益保护局以及证监会内设的投资者保护局等金融消费者权益保护机构进行整合，组建全国独立的、统一的"金融消费者保护局"，解决现有法律的冲突与矛盾，畅通金融消费者救济渠道，健全金融消费权益保护协调机制，切实保护金融消费者权益。

在监管权责协调方面，重点发挥国务院金融委的统筹协调作用，通畅监管机构间的合作渠道，统一监管目标和监管标准，形成金融监管的强大合力，补齐监管制度短板。如推动《金融稳定法》出台，健全金融稳定工作机制，明确国家金融稳定发展统筹协调机制、地方政府、中国人民银行、金融管理部门财政部门、监察机关和审计机关、存款保险基金管理机构和行业保障基金管理机构以及金融机构的各方职责，健全金融风险防范、化解和处置机制，筑牢不发生系统性金融风险的底线。

第七章

结 论

第七章

结 论

第七章 结 论

我国保险资产管理行业在"放开前端、管住后端"市场化监管思路下快速发展的同时也加剧了刚性兑付、多层嵌套、资金池业务、期限错配等保险资产不规范运作行为,滋生信用风险、影子银行风险、流动性风险及系统性金融风险隐患,冲击着以分业监管为基础的现行监管制度,致使监管真空、监管重叠、监管套利等问题日益突出,保险资产管理的监管效能被削弱,金融消费者权益难以得到切实保障。金融机构追求利润、逃避监管的动力是不变的,监管部门防范和化解金融风险、保护金融消费者权益的目的也是不变的,如何通过完善保险资管监管制度法律应对层出不穷的金融创新,促进保险资产管理业的持续健康发展是研究保险资产管理法律监管问题的根本考量。

本书回顾了我国保险资产管理及其监管的发展历程,梳理了当前我国保险资产管理法律法规及规章制度,结合我国保险资产管理行业面临的风险及问题,识别出了我国保险资产管理现行法律制度的不足,借鉴美国、英国、日本、新加坡等域外发达经济体的保险资产管理监管经验,提出了健全我国保险资产管理法律监管体系的完善方案。主要结论如下:

1.我国保险资产管理及其监管的发展历程可划分为五个阶段:(1)自1980年保险业恢复至1995年《保险法》正式颁布的保险资金运用无序发展与无法律监管阶段;(2)自1995年《保险法》实施和1998年原保监会成立至2003年国内第一家保险资产管理公司成

立的保险资金运用初步规范与机构监管初步确立阶段；（3）自 2003 年保险资产管理进入集中化、专业化、市场化发展和 2004 年《保险资产管理公司管理暂行规定》的颁布至 2012 年市场化改革前期的保险资金运用渠道拓宽与法律监管体系初步建立阶段；（4）自 2012 年 "放开前端、管住后端" 至 2017 年 "强监管、防风险" 监管思路引领下的保险资金运用市场化改革与法律监管体系完善阶段；（5）自原保监会 "1+4" 系列文件的颁发、银保监会的组建、《资管新规》的颁布至今的保险资金运用规范发展与法律监管体系强化阶段。

2. 我国保险资产管理监管制度演进的主要特征及趋势包括：（1）逐步拓宽对保险资金投资渠道、范围、方式、比例的限制；（2）依据国家战略及经济发展趋势逐步调整对保险资金投资流向的引导路径；（3）监管思路逐步从 "事前监管" 转向以偿付能力监管为核心的 "事中、事后监管"；（4）监管体制及监管模式逐渐从分业监管下的机构监管转向混业监管下的功能监管，以适应资管行业发展及金融创新的冲击；（5）监管制度的完善逐步转向系统性金融风险防控与金融消费者保护，尽管这一进程相对缓慢。

3. 我国现行保险资产管理法律监管体系由一般性法律和针对性法律所构成：（1）一般性法律即保障保险资产管理活动运行的民商法基础法律及规范保险资产管理活动的部门监管法；（2）针对性法律则包括全国人大颁布的《保险法》、国务院颁布的保险资产管理相关行政法规及《保险资金运用管理办法》等监管部门颁布的部门规章及规范性文件；（3）从监管内容上，保险资管针对性法律体系包括公司治理监管、资金运用监管和偿付能力监管的 "三支柱" 监管制度以及信息披露和关联交易监管制度。

4.当前我国保险资产管理法律监管在监管理念、监管体制、监管机制和监管规则方面还存在着诸多不足：（1）监管理念方面表现为功能监管、统合监管、金融消费者教育及金融消费者保护理念的不足；（2）监管体制方面表现为信托法律体系、宏观审慎监管体系、公司治理机构监管、金融消费者适当性制度及信息披露制度的不完善；（3）监管机制方面表现为监管协调机制、系统重要性保险机构评估机制、关联交易监管机制及金融违规举报机制的不健全；（4）监管规则方面表现为保险资金投资流向引导规则、穿透式监管规则及偿付能力监管规则的不足。

5.针对我国保险资产管理法律监管的现状和不足，借鉴美国、英国、日本、新加坡等域外发达经济体的保险资产管理监管及金融监管的经验，尤其是2008年国际金融危机后强调机构监管与功能监管相结合、金融市场稳定与投资者权益保护并重、宏观审慎监管并关注系统性风险、强化监管协调及提高资管业透明度的变革经验，从监管理念、监管体制、监管机制及监管规则四个方面完善我国保险资产管理监管制度：

（1）在监管理念上，树立金融消费者权益保护的监管目标，区分金融消费者和金融投资者，针对不同类型的金融消费者实施相应等级的保护；秉持金融安全和金融效率并重的原则，健全金融稳定法律体系，维护金融安全，促进金融监管变革，持续提升监管效率；明确保险资管业务"疏堵结合、规范发展"的监管思路，确立保险资管业务"卖者尽责，买者自负"的信托法律性质，推动保险资产管理行业回归"受人之托、代人理财"的金融服务之本源。

（2）在监管体制上，明确资管业务的法律关系及禁止通道业务的法律依据，健全功能监管模式，填补《资管新规》的不足；完善信托法律体系，扩大信托法律关系的调整范围，重塑资产管理人信义义务；健全金融消费者保护法律法规，完善投资者适当性制度，健全金融纠纷多元化解机制，深化金融消费者教育，完善金融消费者保护制度；明确保险资管机构的信息披露义务，增加"棕色资产"信息披露义务，统一信息披露标准，增强所披露信息的可理解性，完善信息披露制度。

（3）在监管机制上，在机构监管与功能监管相结合的基础上，采用以监管目标为引领、多种监管方式密切配合、突出事中事后监管的统合监管模式，健全以国务院金融委统筹协调的资产管理监管协调机制，完善政、企之间和监管部门间的信息共享机制；加强金融基础设施建设与系统重要性金融风险监测，建立风险全生命周期监管机制，提升金融风险监测的系统性和前瞻性以及金融风险管控的有效性。

（4）在监管规则上，把握金融交易与司法裁判的合理边界，明确穿透式监管自由裁量权的合理边界，防范自由裁量权的过度滥用对市场主体造成损害；完善穿透式监管规则，强化对金融科技创新的穿透式监管，提升监管审查的穿透性和专业性；推动监管机构整合及权责协调，组建全国独立的、统一的金融消费者保护机构，切实保护金融消费者权益；推动金融稳定法律体系建设，健全金融风险防范、化解和处置机制，筑牢不发生系统性金融风险的底线。

参考文献

一、英文文献

[1] Kenneth Black, Jr., Harold D. Skipper, Jr. Life Insurance (12th Edition)[M]. Prentice hall, Inc, 1994.

[2] Bayer, P., B. Bernheim, and J.K. Scholz, the Effects of Financial Education in the Workplace: Evidence from a Survey of Employers[J], Economic Inquiry, 2009 (4), 605-624.

[3] Braunstein, S., and C.Welch, Financial Literacy: an Overview of Practice, Research, and Policy, Federal Reserve Bulletin, 2002, 445-457.

[4] Georges Dionne, Scott E. Harrington. Foundations of Insurance Economics: Reading in Economics and Finance [M].Springer, 1992.

[5] Diane K. Denis, John J. McConnell. International Corporate Governance[J]. Journal of Financial and Quantitative Analysis, 2003 (1).

[6] Schwarcz D. Is US insurance regulation unconstitutional[J]. Conn. Ins. LJ, 2018, 25: 191.

[7] Ian Emond, * Tereza Kunertová, European Union Regulation of Insurance Industry in the Aftermath of The Financial Crisis[J], The Lawyer Quarterly, Vol 9, No 2 (2019) pp140-149.

二、中文文献

[1] 白牧蓉,李其贺.去刚性兑付时代资产管理人信义义务的回归[J].开发研究,2021(4):98-108.

[2] 岳萍娜,李哲.资产负债管理理论述评[J].区域金融研究,2009(11):32-35.

[3] 缪建民.保险资产管理的理论与实践[J].新金融评论,2013(5):130-152.

[4] 陈华,王玉红.保险消费者保护:市场失灵、政府介入与道德风险防范[J].保险研究,2012(10):14-19.

[5] 陈辞,李炎杰.保险监管的经济学动因——保险市场失灵及其表现[J].技术经济与管理研究,2010(5):144-147.

[6] 王妍,赵杰.不完备法律理论对穿透式监管的启示[J].征信,2019,37(5):67-72.

[7] 许成钢.法律、执法与金融监管——介绍"法律的不完备性"理论[J].经济社会体制比较,2001(5):1-12.

[8] 陶玲,朱迎.系统性金融风险的监测和度量——基于中国金融体系的研究[J].金融研究,2016(6):18-36.

[9] 刘贵生,孙天琦,张晓东.美国金融消费者保护的经验教训[J].金融研究,2010(1):197-206.

[10] 周琳琳,史峰.市场失灵、行为监管与金融消费者权益保护研究[J].金融监管研究,2018(2):84-93.

[11] 戴国强,陈晨.金融消费者保护与金融危机——基于全球142个经济体的实证研究[J].财经研究,2015(3):100-110.

[12] 刘迎霜. 我国金融消费者权益保护路径探析——兼论对美国金融监管改革中金融消费者保护的借鉴[J]. 现代法学, 2011（3）: 91-98.

[13] 陈洁. 投资者到金融消费者的角色嬗变[J]. 法学研究, 2011（5）: 84-95.

[14] 杨东. 论金融消费者概念界定[J]. 法学家, 2014（5）: 64-76, 177-178.

[15] 任自力. 金融消费者与消费者、投资者的关系界分[J]. 中国政法大学学报, 2021（6）: 204-215.

[16] 焦瑾璞, 宋俊平. 金融消费者保护监管：一个文献综述[J]. 金融理论与实践, 2018（1）: 10-13.

[17] 杨东. 论金融服务统合法体系的构建——从投资者保护到金融消费者保护[J]. 中国人民大学学报, 2013（3）: 118-127.

[18] 何德旭. 构建基于消费者-金融产品关系生命周期的金融消费者保护体系[J]. 财贸经济, 2016（4）: 5-17.

[19] 孙天琦. 金融消费者保护：行为经济学的理论解析与政策建议[J]. 金融监管研究, 2014（4）: 32-56.

[20] 郑博, 黄昌利, 李易. 金融消费者保护的国际比较研究[J]. 宏观经济研究, 2018（3）: 163-175.

[21] 黄辉. 金融机构的投资者适当性义务：实证研究与完善建议[J]. 法学评论, 2021（2）: 130-143.

[22] 翟艳. 我国投资者适当性义务法制化研究[J]. 政治与法律, 2015（9）: 98-106.

[23] 董新义. 资产管理业者的信义义务: 法律定位及制度架构 [J]. 求是学刊, 2014 (4): 79-87.

[24] 章晟, 李士岩. 资产管理业务信托属性分析及其法律监管制度研究 [J]. 江汉论坛, 2016 (3): 129-133.

[25] 王涌. 让资产管理行业回归大信托的格局 [J]. 清华金融评论, 2018 (1): 82-84.

[26] 汪其昌. 金融资产管理业务监管的法律逻辑与核心原则 [J]. 清华金融评论, 2020 (4): 82-86.

[27] 刘燕. 资产管理的"名"与"实" [J]. 金融法苑, 2018 (2): 17-22.

[28] 缪因知. 资产管理内部法律关系之定性: 回顾与前瞻 [J]. 法学家, 2018 (3): 98-112, 194.

[29] 巴曙松, 王琳. 资管行业的功能监管框架: 国际经验与中国实践 [J]. 清华金融评论, 2018 (4): 21-24.

[30] 吴云, 史岩. 监管割据与审慎不足: 中国金融监管体制的问题与改革 [J]. 经济问题, 2016 (5): 30-35.

[31] 黄辉. 中国金融监管体制改革的逻辑与路径: 国际经验与本土选择 [J]. 法学家, 2019 (3): 124-137, 194-195.

[32] 沈伟, 李术平. 迈向统一监管的资管新规: 逻辑、工具和边界 [J]. 财经法学, 2019 (5): 81-108.

[33] 郑彧. 论金融法下功能监管的分业基础 [J]. 清华法学, 2020 (2): 113-128.

[34] 郝臣, 孙佳琪, 钱璟, 等. 我国保险公司信息披露水平及其影响

研究——基于投保人利益保护的视角[J].保险研究,2017(7):64-79.

[35] 袁达松,刘华春.论穿透式金融监管[J].证券法律评论,2017(7):38-48.

[36] 苟文均.穿透式监管与资产管理[J].中国金融,2017(8):17-20.

[37] 叶林,吴烨.金融市场的"穿透式"监管论纲[J].法学,2017(12):12-21.

[38] 赵宇龙.穿透式监管下的保险业资产风险:监管框架设计与实证发现[J].保险研究,2019(6):3-14.

[39] 申曙光.保险监管[M].广州:中山大学出版社,2000:86.

[40] 李红坤,田立欣,陈利.我国保险资金运用顺周期性及逆周期监管[J].经济与管理评论,2016(1):110-118.

[41] 胡良.偿付能力与保险资金运用监管[J].保险研究,2014(11):94-102,55.

[42] 张骥,孙健."偿二代"对保险资金运用效率影响的差异——基于分业视角[J].济南大学学报(社会科学版),2019(6):79-90,159.

[43] 李敏.美国投资型保险资金运用监管及其借鉴[J].华东政法大学学报,2020(6):165-177.

[44] 孙武军,李政."偿二代"下寿险公司风险与资本关系的实证研究——基于与偿一代对比研究的视角[J].北京工商大学学报(社会科学版),2020(2):105-115.

[45] 何青华, 刘玮. 偿付能力监管下资本、风险与再保险的调整机制研究——基于中国产险市场的经验证据[J]. 保险研究, 2021（11）: 14-35.

[46] 袁成, 杨波. 保险公司偿付能力充足率解读——来自我国16家保险公司的经验证据[J]. 中央财经大学学报, 2014（9）: 36-41, 54.

[47] 凌士显, 谢清华. 我国保险公司董事会治理有效性实证研究——基于32家股份制保险公司的经验数据[J]. 保险研究, 2015（12）: 21-29.

[48] 夏喆, 靳龙. 公司治理机制对我国保险业风险与绩效的影响——基于我国保险行业2011年截面数据[J]. 保险研究, 2013（3）: 16-23.

[49] 李腾, 钟明. 利益相关者视角下我国保险公司独立董事制度有效性研究[J]. 保险研究, 2019（9）: 60-73.

[50] 朱南军, 吴诚卓. 保险资金运用制度演进与完善[J]. 中国金融, 2022（3）: 57-58.

[51] 李森林. 保险资金运用政策的历史变迁[J]. 保险职业学院学报, 2019（4）: 38-43.

[52] 曹德云. 中国保险资产管理业发展现状和趋势[J]. 上海保险, 2019（4）: 27-32+64.

[53] 任春生. 我国保险资金运用改革发展40年：回顾与展望[J]. 保险研究, 2018（12）: 29-33.

[54] 刘福寿. 我国保险监管法制建设70年：回顾与展望[J]. 保险研究, 2019（9）: 3-10.

[55] 周延礼.70年保险监管改革与发展[J].中国金融,2019(19):26-28.

[56] 盛宝良.美国保险监管制度探析[J].保险理论与实践,2018(9):64-68.

[57] 何丽新,陈昊泽.日本保险的自由化及其限制——以《保险业法》制度变迁为切入点[J].现代日本经济,2019(3):35-48.

[58] 朱南军,谢丽燕,邓博文.系统重要性金融机构:国际监管实践与中国金融改革[J].贵州财经大学学报,2019(4):60-69.

[59] 杨惠.机构监管与功能监管的交错:美国GLB法案的经验[J].财经科学,2007(5):11-18.

[60] 李晓翩,卢山.新加坡RBC监管规则变化及对我国偿二代的借鉴——基于财产保险业视角[J].保险研究,2020(1):79-86.

[61] 杨琳,郭祥,蒋亚男,等.低利率时代的保险资金配置研究[J].保险理论与实践,2021(6):46-86.

[62] 陈文辉.保险资金运用的市场化改革[J].中国金融,2014(4):13-14.

[63] 段国圣,段胜辉.资产管理业发展的嬗变与未来发展趋势[J].清华金融评论,2019(2):26-30.

[64] 袁军.中国保险资管现状与未来发展趋势思考[J].现代管理科学,2019(10):95-97.

[65] 刘慧君,洪泳.日本寿险业风险管理实践及借鉴[J].中国保险,2016(1):61-64.

[66] 曹德云.推进保险资管高质量发展[J].中国金融,2022(3):

52-54.

[67] 刘燕.大资管"上位法"之究问[J].清华金融评论,2018(4):25-28.

[68] 中国保险学会课题组.《民法典》实施给保险行业带来的机遇与挑战[J].保险理论与实践,2021(4):127-158.

[69] 许璟剑.新监管背景下资管法律关系性质的实证分析[J].法制博览,2021(24):92-94.

[70] 张铎露.保险资金委托投资存在问题及监管建议[J].上海保险,2022(3):12-13.

[71] 刘宇飞.国际金融监管的新发展[M].北京:经济科学出版社,1999.

[72] 许德风.道德与合同之间的信义义务——基于法教义学与社科法学的观察[J].中国法律评论,2021(5):140-153.

[73] 宋明,王国军.保险公司关联交易监管:核心问题及优化路径[J].保险研究,2022(2):3-16.

[74] 翟艳.我国投资者适当性义务法制化研究[J].政治与法律,2015(9):98-106.

[75] 操群,许骞.金融"环境、社会和治理"(ESG)体系构建研究[J].金融监管研究,2019(4):95-111.

[76] 靳羽.资管行业金融风险溯源与监管革新——资管新规核心政策解读与审视[J].新金融,2019(2):36-43.

[77] 方海平.人保资产总裁曾北川:保险资金特性与绿色投资高度契合[N].21世纪经济报道,2021-09-10(8).

[78] 金缦. 保险资金的高 ESG 投资偏好研究——基于公司长期价值投资路径分析 [J]. 金融与经济, 2021 (11): 14-24.

[79] 周桦, 张娟. 偿付能力监管制度改革与保险公司成本效率——基于中国财险市场的经验数据 [J]. 金融研究, 2017 (4): 128-142.

[80] 高春燕. 美国寿险业的发展特征及启示——基于保险监管的视角 [J]. 西南金融, 2020 (10): 59-68.

[81] 祝杰. 我国保险资金运用法律规则的审视与优化 [J]. 当代法学, 2013, 27 (3): 86-93.

[82] 陶涛. 大藏省改革和日本金融监管体系的完善 [J]. 北京大学学报 (哲学社会科学版), 2000 (1): 60-67.

[83] 赵玉婷, 李云静. 日本的金融监管体制改革及对中国的启示 [J]. 税务与经济, 2018 (5): 48-53.

[84] 魏飞龙. 新加坡 RBC2 的实施对中国保险业的启示与借鉴——基于国际趋同视角 [J]. 现代商业, 2021 (35): 43-45.

[85] 赵宇龙. 穿透式监管下的保险业资产风险: 监管框架设计与实证发现 [J]. 保险研究, 2019 (6): 3-14.

[86] 吴素萍, 徐卫宇. 功能性金融监管的理论与框架 [J]. 经济导刊, 1999 (6): 13-18, 53.

[87] 廖凡. 金融市场: 机构监管? 功能监管? [J]. 金融市场研究, 2012 (1): 96-103.

[88] 丁俊. 功能性金融监管: 我国金融监管体制发展的新方向 [J]. 国际金融研究, 2001 (3): 53-56.

[89] 焦瑾璞, 黄亭亭, 汪天都. 金融消费权益保护制度建设的国际比

较研究 [J]. 金融发展研究, 2015 (4): 3-8.

[90] 杨东. 论金融服务统合法体系的构建——从投资者保护到金融消费者保护 [J]. 中国人民大学学报, 2013 (3): 118-127.

[91] 曾于瑾. 关于保险资产管理业高质量转型发展的研究 [J]. 保险理论与实践, 2020 (12): 1-10.

[92] 张妍. "大资管"时代的行业监管困境与出路 [J]. 中国法律评论, 2019 (2): 194-202.

[93] 赵磊. 信托受托人的角色定位及其制度实现 [J]. 中国法学, 2013 (4): 74-86.

[94] 宋晓燕. 论有效金融监管制度之构建 [J]. 东方法学, 2020 (2): 103-120.

[95] 刘军岭, 檀文, 刘道云. 国际比较视角下我国金融期货投资者适当性制度之完善 [J]. 商业研究, 2016 (10): 187-192.

[96] 万子芊. 对资管新规关于通道业务相关规定的理解与思考 [J]. 金融法苑, 2018 (2): 101-115.

[97] 沈心怡.《资管新规》第一案评析——规避监管型通道业务中的合同效力认定 [J]. 金融法苑, 2020 (2): 38-51.

[98] 黄辉. 金融机构的投资者适当性义务：实证研究与完善建议 [J]. 法学评论, 2021 (2): 130-143.

[99] 吴弘. 金融纠纷非讼解决机制的借鉴与更新——金融消费者保护的视角 [J]. 东方法学, 2015 (4): 2-10.

[100] 郭佳靖. 我国金融消费者权益保护现状及经验借鉴 [J]. 金融发展评论, 2022 (2): 82-95.

[101] 邱晓华, 李衡, 张艳杰, 等. 绿色金融支持碳中和目标: 国际国内实践及建议 [J]. 保险理论与实践, 2021 (6): 13-32.

[102] 彭思涵. 资管产品信息披露有效性探析 [J]. 金融法苑, 2018 (2): 215-224.

[103] 冀潜, 李永娣, 周恒. 部门间统计数据共享机制研究 [J]. 统计理论与实践, 2021 (9): 22-26.

[104] 彭康. 依托信息共享推动我国金融监管改革 [J]. 中国市场, 2017 (14): 220-221.

[105] 李红权, 曹佩文, 周亮. 系统性金融风险与监测预警: 一个综合分析的视角 [J]. 湖南师范大学社会科学学报, 2021 (1): 80-90.

[106] 陈醇. 金融系统性风险的合同之源 [J]. 法律科学 (西北政法大学学报), 2015 (6): 144-151.

[107] 陈秋竹. 金融监管规则介入司法裁判的合理性及其限度——基于穿透式监管对商事合同效力认定的影响 [J]. 南方金融, 2021 (3): 76-86.

[108] 曹德云. 立足专业化特色 融入大资管格局 努力推进保险资管产品实现高质量发展 [J]. 清华金融评论, 2022 (1): 19-21.

[109] 巴曙松, 沈长征. 从金融结构角度探讨金融监管体制改革 [J]. 当代财经, 2016 (9): 43-51.

[110] 毛文娟, 王俊俊. 回应性监管策略对险资举牌的影响——基于万科、南玻、伊利和格力的多案例研究 [J]. 南方经济, 2019 (5): 37-51.

三、学位论文

[1] 瞿栋.基于风险预算理论的保险资产管理路径研究[D].对外经济贸易大学，2015.

[2] 赵陵.现代资产组合理论研究[D].中国社会科学院研究生院，2001.

[3] 王姝.主要发达国家保险监管制度比较研究[D].吉林大学，2013.

[4] 崔冬初.美国保险监管制度研究[D].吉林大学，2010.

[5] 王洋.资管业务中"穿透式"监管理念法制化研究[D].华东政法大学，2020.

四、研究报告

[1] 中国保险资产管理业协会，2021-2022年中国保险资产管理行业运行调研报告.

[2] 中国人民银行金融稳定分析小组.中国金融稳定报告2019［EB/OL］.［2019-11-26］.http://www.gov.cn/xinwen/2019-11/26/content_5455673.htm

[3] 中国人民银行金融稳定分析小组.中国金融稳定报告2020［EB/OL］.［2020-11-07］.http://www.gov.cn/xinwen/2020-11/07/content_5558567.htm.

[4] 巴曙松、杨倞等.2017年中国资产管理行业发展报告[M].浙江人民出版社，2017，第216页.

[5] 商务局.中国对外投资合作发展报告2017［EB/OL］.［2022-7-25］.http://fec.mofcom.gov.cn/article/tzhzcj/tzhz/upload/

zgdwtzhzfzbg2017.pdf.

[6] 中国银行业理财市场年度报告（2021年）[J]. 债券, 2022（3）: 74-81.